KB039205

4·16구술증언록 단원고 2학년 6반 제7권

그날을 말하다

태민 엄마 문연옥

4·16구술증언록 단원고 2학년 6반 제7권

그날을 말하다

태민 엄마 문연옥

4·16기억저장소 기획 편집
(사) 4·16세월호참사가족협의회 지원 협조

책머리에

4·16기억저장소에서는 세월호 참사 5주기를 맞아 구술증언 수집 사업의 결과물 일부를 100권의 책으로 발간하게 되었습니다. 이 사업은 2015년 6월부터 다양한 학문 분야 구술 연구자들의 자발적인 참여로 진행되어 왔으며, 세월호 참사를 좀 더 정확하고 다각적으로 기록하고 기억하고자 하는 노력의 일환으로 수행되었습니다.

2014년 참사 발생 이후, 참사 피해자들의 목격담과 경험은 안타깝게도 공식적인 국가기관과 언론의 기록 속에서 철저히 소외되거나 왜곡되었습니다. 그것은 세월호 참사가 우리에게 안긴 죽음과 고통의 충격만큼이나 우리 사회의 끔찍한 비극이었습니다. 따라서 사업을 진행하면서 세월호 참사 희생자 가족, 생존자, 생존자 가족, 어민, 잠수사, 활동가, 기자 등등, 참사의 초기 과정을 직접 경험한 분들의 증언을 우선적으로 수집했습니다. 구술자는 이 사업의 취

지와 방식에 개인적으로 동의한 분 중에서 선정했으며, 참여 과정
에 어떠한 금전적 보상이나 이익이 제공되지 않았습니다. 또한 구
술증언 수집 사업을 진행하는 동안, 면담자는 연구자이자 참사를
겪은 공동체 시민으로서 최대한 윤리적이고자 노력했습니다.

구술자마다 매회 약 2시간씩 3회를 원칙으로 음성 녹취와 영상
촬영을 하는 방식으로 진행되었고, 증언의 일관성을 확보하기 위
해 면담자는 큰 틀에서 공통 질문지를 사용했습니다. 공통 질문지
의 내용은 참사와 구술자 간의 관계성에 따라 차이가 있지만, 유가
족 구술의 경우 1회차 '참사 이전의 삶, 팽목항과 진도에서의 경험,
자녀에 대한 기억'을, 2회차 '참사 이후 투쟁과 공동체 활동 경험'을,
3회차 '참사 이후 개인 및 가족이 경험한 삶의 변화와 깨달음, 자녀
의 현재적 의미'를 중심으로 했습니다. 이처럼 증언 내용은 참사 이
전에서 시작해 참사 발생 당시의 경험과 이후의 변화 과정까지 폭
넓게 수집했고, 면담자는 구술 채록 과정에서 구술자의 발화를 최
대한 존중하고자 했으며, 무엇보다 각자의 특수한 경험과 다른 시
각을 충실히 반영하고자 했습니다.

이 구술증언록의 발간을 위해, 채록된 음성 자료는 문서로 변
환해 구술자와 함께 검토했고, 현재 시점에서 공개할 수 있는 영역
과 할 수 없는 영역으로 구별했습니다. 따라서 책에 실린 내용은
모두 구술자로부터 공개를 허락받은 부분입니다. 비공개 영역은
추후 구술자의 동의를 받아 적절한 절차를 거쳐 추가로 공개될 수
있으리라 생각합니다.

이 구술증언록 100권에는 그동안 우리 사회에 왜곡되어 알려지 거나 잘 알려지지 않았던, 참사 발생 직후 팽목항과 진도 혹은 바 다에서의 초기 상황에 관한 중요한 증언이 포함되어 있습니다. 또 한, 자녀를 잃는 잔인하고 애통한 상황을 겪으면서도 그 누구보다 강인한 정치적 주체로 성장할 수밖에 없었던 유가족의 마음과 경 험을 구체적으로, 그리고 여러 각도에서 살펴볼 수 있습니다. 그 외에도, 이 구술증언록은 2014년을 전후한 한국 사회의 여러 측면 을 드러내는 귀중한 자료가 되리라고 생각합니다. 무엇보다 국내 외의 많은 분이 이 책을 읽어, 장차 세월호 참사의 진상 규명과 역 사 서술에 기여할 수 있기를 바랍니다.

구술증언 수집 사업이 진행되고, 책으로 출간되기까지 많은 분 의 도움과 지지가 있었습니다. 이 지면을 빌려 부족하나마 감사의 말씀을 전하고자 합니다.

먼저 (사)4·16세월호참사가족협의회와 4·16기억저장소에 감사 를 드립니다. 이분들의 신뢰와 적극적인 협조가 없었다면, 이 사업 은 처음부터 시작할 수조차 없었을 것입니다. 또한 어려운 정치 환 경 속에서도 사업의 취지에 공감해 재정 지원을 결정해 준 아름다 운가게와 역사문제연구소에 감사드립니다. 두 단체 덕분에, 이 사 업을 4년 동안 계속해 올 수 있었습니다. 그리고 구술증언록 100권 의 발간에 동의하고, 바쁜 일정에도 출판 실무를 기꺼이 맡아주신 한울엠플러스(주)에도 감사를 드립니다. 이 외에도 많은 개인과 단 체가 직간접적으로 많은 도움을 주시고 격려해 주셨습니다. 여기에 모두 밝히지 못하는 것을 죄송하게 생각합니다.

　말할 필요도 없이, 가장 크고 또 가슴 아픈 감사는 구술자 한 분한 분께 드리고자 합니다. 이 책이 발간될 수 있었던 것은, 무엇보다 용기를 내어 아픔과 고통의 기억을 다시 떠올리고 장시간 진심으로 이야기를 해주신 구술자가 있었기 때문입니다. 오랜 시간 이야기를 나누며 함께 공감하기도 했지만, 그 아픔과 고통을 어떻게 가늠할 수 있을까 싶습니다. 더 큰 도움이 되지 못함을 안타까워하며, 이 구술증언록 100권의 발간이 피해자분들에게 조금이라도 위로가 될 수 있기를 기원합니다.

2019년 4월
4·16기억저장소 구술팀 책임자
서울대학교 인류학과 교수 이현정

차례

■ 1회차 ■

■ 3회차 ■

태민 엄마 문연옥

구술자 문연옥은 단원고 2학년 6반 고 이태민의 엄마다. 일하는 엄마를 대신해 여동생들의
식사를 챙겨주면서 요리사의 꿈을 갖게 된 태민이는 세상에서 가장 맛있고 멋진 요리를 만
들면 엄마에게 제일 먼저 드리겠다고 약속할 정도로 의지가 되는 첫째였다. 믿음직했던 태
민이에게 마음만큼 '사랑한다'라는 말을 하지 못한 것이 미안한 엄마는 오늘도 공방에서,
4·16기억저장소에서, 4·16기억교실에서 태민이와 태민이 친구들의 기억을 남기는 일을
마음을 다해 하고 있다.

문연옥의 구술 면담은 2017년 12월 19일, 그리고 2018년 1월 9일, 23일, 3회에 걸쳐 총 5시
간 20분 동안 진행되었다. 면담자는 장미현, 촬영자는 강재성이었다.

구술자 본인의 프라이버시나 제3자의 프라이버시를 보호해야 할 부분을 제외하고는 구술
자의 발화를 있는 그대로 전사했다.

1회차

2017년 12월 19일

1
시작 인사말

면담자　　　본 구술증언은 4·16 사건에 대한 참여자들의 경험과 기억을 기록으로 남김으로써 이후 진상 규명 및 역사 기술에 기여하고자 합니다. 지금부터 문연옥 씨의 증언을 시작하겠습니다. 오늘은 2017년 12월 19일이며, 장소는 안산시 단원구 정부합동분향소 내 '기억과 약속의 방'입니다. 면담자는 장미현이며, 촬영자는 강재성입니다.

2
구술증언 참여 동기와 근황

면담자　　　반갑습니다. 먼저 어머니께서는 구술 면담에 참여하게 된 동기랄까, 아니면 마음가짐이랄까, 어떤 마음으로 오시게 되셨는지 궁금합니다.

태민 엄마　　　아, 사실은 제가 [4·16]기억저장소에서 일을 해요. 그렇다 보니까 이제 다른 어머니들은 다하셨는데 저만 미루고 미루다 보니까 시간이 벌써 4년이란 세월이 흘렀잖아요. 그니까 그날, 2014년도 그때의 기억들이 자꾸 흐려지고, 아이에 대한 생각들이 자꾸만 어떤 행동, 이런 것들이 자꾸만 흐려지는 거 같아요. 그래서 어른들이 옛날부터 뭐 "시일이 지나면은 살 수 있다"는 그런 얘기를 지금은 공감을 해, 그래서 이런 얘기를 하는구나 [하고요]. 근데 이제 순간, 순간적으로 아이가 생각날 땐 되게 많이 아프죠. 근데 그 아이를 잊고 지내는 순간, 순간들이 [늘고], 그 [아이를 기억하는] 시간들이 사라지더라구요. 사라지고, 이제 나중에 기억으로, 어떤 기억으로나 자료로 남길려면, 이런 자료를 남겨놔야지만 또 되지 않을까, 내가 [기억이] 더 흐려지기 전에. 그래서 다시 마음을 잡고 다시 신청을 하게 됐어요, 사실은.

면담자   4·16기억저장소에는 어떻게 참여하게 되신 거세요? 많은 4·16 단체들이 있잖아요? 그중에서 기억저장소라는 곳을 선택하신 이유가 있을까요?

태민 엄마   사실은 맨 처음에는 [4·16]공방 일만 했어요. 이제 하다 보니까 부모님들도 서로 마음이 통하는 분들이 많이 있잖아요. 통하시는 분이 이제 저를 권유를 해가지고 "같이하자" 그래서 하게 됐는데…. 또 사실은 기억저장소 일을 하면서 [4·16]기억교실 안내를 [할 때 오신 분들에게] 멘트를 해줘요, [저희가]. 아이, 학생들 오고, 어른들 오시면 한 20분 정도, 한 20명이나 이렇게 오시면 앉혀놓고 교육도 시켜드리고, 교실에 대한 안내, 그다음 저희가 어떻게 지내고 있는지, 뭐 아니면 현재 4·16의 세월호가 어떻게 진행되고 있는지 그런 거에 대해서 안내를 해드리고 설명을 해드리거든요. 근데 그런 거를 설명을 해주면서 저도 많은 공부를 하게 되고, 더 관심 있게 세월호에 대해서 [보게 되고 하더라고요]. 그냥 집에 있고 아무 신경 안 쓰면 사실은 알아보려고 하지도 않잖아요. [기억저장소에 오고 나서]

그런 자료든가 그런 공부도 더 많이 하게 되고, 또 아이들을 만나면서 저희 아들, 아이를 한 번 더 생각하게 하고, 그런 게 저는 참 좋은 거 같아요.

면담자   친구들도 많이 옵니까?

태민 엄마   그렇죠, 학생들. 학생들이 단체로 수학여행 겸 오는 아이들도 있고 단체로, 이제 학교에서 반별로 해서, 아니면 학교에서 취합을 해서 "함께 가자" 해서 오시는 분들이 많이 있어요.

면담자   기억교실 안내할 때 혹시 꼭 전달하고자 하는 메시지나 '나는 이런 얘기는 꼭 이 친구들한테 하고 싶다' 이런 게 있으세요?

태민 엄마   저는 아이들이 오면은 제일 힘든 게 아이들한테 얘기할 때예요, 우리 애들이 자꾸 생각이 나니까⋯. 근데 저는 제일 먼저 아이, 애들한테 마지막으로 남기는 게 꼭 오면은 한 명이라도, 한 아이라도 꼭 알고 갔으면⋯, [희생된] 아이 이름이라도 알고 가서 인터넷에 치면은 그 아이가 어떻게 살아왔는지 그런 내용이 되게 많이 나와 있거든요. 그래서 이제 얘기도 해주고. 그리고 엄마한테 가족들한테 사랑을 표현을 많이 하라고 얘기를 해줘요. 우리 태민이 같은 경우는 되게 내성적이고 저도 내성적이고 그렇다 보니까 서로 사랑, 스킨십 이런 걸 많이 못 했어. 그리고 서로 마주 보고 이야기를 못 할지라도 휴대폰으로라도 사랑을 표현을 하고 그런 메시지나 이런 걸 많이 주고받아서 사랑을 표현할 수 있는 아이로 자랐으면⋯, 그런 부탁을 제일 많이 해요. [찾아온 아이들에게] 가서 엄마, 아빠한테 사랑한다고 한 번이라도 얘기해 주[라고 부탁을 해요]. 그렇게 애기하면 너무너무 힘들어 사실은…(울음).

면담자   그렇죠. 듣는 학생들도 듣고 나면 생각하는 바가 달라 질 거 같아요. 보통은 안산에 주로 계신 거죠? (태민 엄마 : 네) 지금 도 공방 활동도 같이 꾸준히 하고 계세요?

태민 엄마   예. 제가 우리 태민이 애기 때부터 제가 미용실을 했 어요. 그때 자격증을 따면서, 임신해 가지고 자격증을 따면서 계속 천직으로 사실은 살아왔죠, 미용실을 거의 20년 가까이 했으니까. 그러다 보니까 남들한테 손재주가 많다는 소리를 듣다 보니까, 만지 고 뭘 만들고 하는 자체를 좋아해요. 그러다 보니까 이제 공방 일을 계속적으로 하게 되고 그랬던 거 같아요. 그리고 어떤 [다른 목적에 서] 공방 일을 하기보다는, 이제 집에 있으면 아이 생각이 더 많이 나 고 더 우울해지고 [하니까] 그런 걸 버티기 위해서 사실은 나오기 시 작했던 거 같애요, 모든 부모님들이. 그렇게 하다 보면 부모님들 만 나면서 저희 아픔이랑 사실은 같잖아요, 모든 부모님들이. 내 아픔 을 다 이해를 해주니까 서로 너무너무 편하고 그래서 서로 버티고 그러는 거 같애요, 눈 뜨면 공방 나오니까.

면담자   그러면 공방은 2014년부터 계속 나오고 계신 거세요?

태민 엄마   그렇죠. 초기에는 사실은 거의 보면은 싸운다고 부모 님들이 거의 매일 광화문을 다녔잖아요. 그리고 2014년 한 후반기, 12월, 11월, 겨울 때 그때 이제 공방에 모이면서 부모님들이 그냥 허 무하게 앉아 있는 거보다 무언가를 하자 하다 보니까 이제 공방이 만들어지게 된 거죠.

면담자   공방에서 만든 걸 가지고 '엄마랑 함께하장'을 열잖아
요. 뭔가를 만드는 작업과 4·16이 되게 긴밀하게 연결되어 있는 거
같아요. 손으로 뭘 만드는 일 자체가 오랫동안 한국 사회에서 저평
가되었는데, 세월호 참사를 계기로 그 중요성을 알게 된 거 같아요.

태민 엄마   근데 보면은 그런 게 있는 거 같아요. 계속 이제 저는
퀼트 팀장으로 일을 하고 있거든요. 근데 이제 작품 하나하나 만드
는 것도 의미가 있지만, 그 시간들을 아무것도 안 하고 있으면 너무
허전하고 '내가 뭘 하고 살아야지'라는 그런 허무함 그런 게 자꾸 생
기는데, 거기서 이제 바느질을 하면서 그 순간순간을 잊는 거죠, 시
간이 그만큼 빨리빨리 지나가고. 그런 거 때문에 부모님들이 더 많
이 거기에 시간을 투자를 하시고 하는 거 같아요.

면담자   같이 보내는 시간 이런 거 때문에요?

태민 엄마   그럼요.

3
4·16 세월호 참사 이전의 삶

면담자   4·16 이전의 삶에 대해서 좀 여쭤보고 싶은데요. 좀
옛날 얘기이긴 하지만 고향이나 아니면 부모님들에 대한 얘기나 성
장과정에 대한 이야기 이런 것들을 해주시면 좋을 거 같아요.

태민 엄마   〈비공개〉 이제 제가 태어난 건 합천인데, 이제 부모님

이랑 같이 못 살고 이모 집에서 같이 살았어요. 이모 집에서 학교도 다니면서 부산에서…, 서울에서 조금 있다가 부산으로 내려가서 부산의 고등학교를 졸업하고, 이제 전자과를 졸업을 하다 보니까 삼성전자에 취직을 한 거예요. 19살 때, 고등학교 2학년 때, 아니 [3학년] 2학기 때 취업을 나가서, 그때 삼성전자에 한 5년 정도, 딱 5년 하니까 금반지 하나 주시더라고(웃음), 퇴직금 그런 거는 다 챙겨주시지만 근속을 해갖고 고거 딱 받고. 저희 애들 아빠를 결혼식장, 친구 결혼식장 가서 피로연에서 만난 거예요. 그래서 한 1년 교제를 하다가 결혼을 해서 삼성전자를 그만둔 거죠.

면담자　　그러면 직장에 다니시면서 연애를 하셨던 거예요? 근데 부산 사투리는 거의 안 쓰시네요.

태민 엄마　　거의 안 써요, 3년밖에 안 살았으니까, 서울에서 계속 있다가.

면담자　　삼성전자는 어느 공장을 다니셨어요?

태민 엄마　　어, 저기 수원에서요.

면담자　　수원에요? 부산보다 수원에 계셨기 때문에 사투리를 안 쓰시는군요.

태민 엄마　　경기권에서 살다 보니까 거의 안 써요. 그때가 너무너무 행복했던 거 같애.

면담자　　아, 진짜요?

태민 엄마　　왜냐면 기숙사가 있잖아요. 삼성 같은 경우는 기숙사에서 친구들이랑 같이 막 주야 근무를 하니까, 어떤 때는 3교대 돌릴 때도 있고 2교대 갈 때가 있어요. 근데 2교대 갈 때는 이제 8시간 [계속해야 하니깐 좀 힘들죠. 3교대 하면은 야간을 들어가면 낮 시간은 계속 노는 시간이잖아요. 그러면 이제 에버랜드, 에버랜드를 거의 뭐 한 달에 서너 번 정도 가다시피 했으니까, 거기는. 또 이제 삼성 전자 계열이라 같이 협의체라….

면담자   할인되죠?

태민 엄마   할인도 되고 거의 무료예요. 그 티켓 자체가 따로 나와요, 회원증이. 거의 무료로 다니다시피 했고, 그다음에 뭐 여기저기 많이 다녔죠, 그때는 한창 스물몇 살 때 그때였으니까. 그때는 이제 기숙사 생활을 하다 보면은 딱 점호 시간이 있잖아요. 근데 그 시간까지 들어가야 되거든. 근데 친구들이랑 놀다 보면 나이트도 가고, 노래방도 가고 하잖아요. 그러면은 이제 그 시간을 늦추는 거야, 늦어버리는 거지.

면담자   네, 그럼 어떻게 해요?

태민 엄마   그래 가지고 한 네다섯 번 걸린 거예요, 한 세 명이서. 그래 가지고 쫓겨났어(웃음).

면담자   기숙사에서 쫓겨났다고요?

태민 엄마   어, 쫓겨났어. 그래 가지고 23살 때 자취를 했던 거 같애요. 그래 가지고 친구들이랑 같이 셋이서, 그 세 명 멤버가 딱 있었어요. 걔네들끼리 자취를 하고 그러다가 이제 신랑 만나서….

면담자   2교대, 3교대로 직장생활 할 때 힘들진 않으셨어요?

태민 엄마   근데 힘은 안 들었던 거 같애요. 저는 특히 또 이제 전자과를 졸업하다 보니까, 이제 수리를 했어요, 라인을 타는 게, 라인 작업 하는 분들도 계시고 이제 불량이 나오면 뒤에서 수리하시는 분들이 있거든요. 그 앉아 있는 사람들이 작업만 잘 해주면 불량이 안 나요, 불량은 뒤로 빠져버리니까. 그것만 없으면 이제, 불량이 많이 안 나오면 거의 놀다시피 저는 그랬거든. 되게 쉽게 일을 했던 거 같아요. 라인 작업에서 예를 들어 누가 아프다, 그러면 대체 인원으로 들어가기도 하고.

면담자   근데 원래 수리가 약간 기술력이 뛰어나신 분들이 가시는 데죠? (태민 엄마 : 예, 그렇죠) 그쵸? 전공을 하거나. (태민 엄마 : 전공 쪽이나) 아니면은 라인에서 잘하는 분들이 수리로 가시잖아요. 그래 가지고 원래 옛날에는 수리가 남자들만, 거의 전자과 나오신 분들만….

태민 엄마   네, 네. 거의 보면, 거의 보면 그래요, 여자분들이 많진 않죠.

면담자   예. 약간 월급도 많이 주지 않아요?

태민 엄마   아, 그렇진 않았던 거 같애. 수리공은 조금 더, 라인 타는 사람보다 조금 더 낫기는 하죠.

면담자   삼성전자가 왜 지금 반도체 공장 이런 데는 또….

태민 엄마   음, 지금 문제가 많이 있잖아요.

태민 엄마 문연옥

면담자　　　그래서 일단 좀 차이가 있긴 할 거 같애요.

태민 엄마　　월급 차이도 많고, 좀 있어요. 그래 가지고 저희 고등학교 때, 그때 취업 나갈 때 저도 사실은 반도체로 되게 가고 싶었거든. 근데 이제 면접에선가 뭔가에서 떨어진 거야, 성적에서 밀렸던 거 같애. 성적에서 조금 떨어져 가지고 전자 쪽으로 가고, 제일 성적이 높은 애들이 반도체로 가고, 그다음에 전자, 그다음에 전기 쪽으로 빠졌던 거예요. 저는 전자 쪽으로 갔던 거지.

면담자　　　혹시 학교 좀 여쭤봐도 돼요?

태민 엄마　　부산공고예요. 부산공고 나왔어요.

면담자　　　부산공고세요? 부산공고, 여자도 받았어요?

태민 엄마　　예, 전자 쪽으로 해가지고.

면담자　　　나중에 생겼죠?

태민 엄마　　생긴 지 얼마 안 됐어요, 초창기에.

4
4·16 참사 이후 지인들과 연락을 안 하는 이유

면담자　　　전자과에 여학생을 받았군요. 고등학교 친구분들이랑 아직도 연락하세요?

태민 엄마　　연락을 하는데요, 했는데 지금은 안 만나고 있어요,

계속 연락 오는데. 왜냐하면 그 아이들을 보면은 이제 내가 너무 안 쓰러울[안쓰러워 보일] 거 아니야, 그 시선이 내가 싫고. 그리고 지금 까지도 뭐 미용실을 하면서 지인들, 아는 언니들도 많은[고], 모임 같 은 것도 하고 있었거든요. [지금은] 그 언니들도 다 못 만나고…. (면 담자 : 2014년 이후에는) 이게 안 되더라고.

면담자   별로 안 만나시는 거죠?

태민 엄마   계속적으로 1년에 한 번씩 동창회도 하고, 모임도 다 하고 하는데, 못 가겠더라고 아직까지는. 근데 이제 계속 못 갈 거 같에요. 어느 순간 한번 가면은 그 시선들, 안쓰럽게 보는 그런 마음 들… 아파할 거 아니야, 나를 보면서 그 사람은. 내가 그게 싫은 거 예요. 그래서 거의 부모님들이 알고 계시는 분들을 거의 못 만나고 있어요.

면담자   가족분, 친인척들 잘 안 만나시고….

태민 엄마   그런 분이나 아니면 활동하고 계시는 분들, 활동가들, 그런 분들이나 [만나죠]. 지금은 이제 공방에서 이렇게 뭐 나눔 같 은 거 하고 강의도 나가고 하거든요. 그런 분들은 이제 저희 쪽에서 호 응도가 또 있고 활동하시고 '세월호가 어떻게 되어가고 있다'는 그런 현상들을 다 알고 계시는 분들은 오히려 마음이 더 편해. 너무너무 미안해요, 애들한테. 친구들한테 너무 미안하고. 그런데 그게 안 되 더라고, 전화가 오면 전화를 자꾸 피하게 되니까….

면담자   아마 이해하시겠죠.

태민 엄마   이해하죠, 근데 이제 할 말이 없는 거야. 이렇게 통화를 하다가도… 중간중간 끊어져 버리고, 그 친구도 나한테 어떤 이야기를 꺼내야 될지를 모르는 거지. 괜히 뭘 꺼내서 상처를 주지 않을까 [하는] 생각들 때문에….

면담자   그런 면에서도 한국 사회가 참 부족했던 거 같아요. 세월호 참사가 있기 전에도 많은 참사가 있었는데…, 지나고 보면 '그분들이 진짜 어떻게 사셨을까' 싶어요.

태민 엄마   예, 솔직히 관심 안 갖고 살잖아요. 저도 사실은 우리 아이들 정말 남한테 피해 안 주고 착하게 살고 정직하게 살고, '우리 가족 잘 살면 된다'는 그런 생각만 갖고 살았었어요, 사실은. 그런데 내가 이런 경험을 하다 보니까, '정말 아프게 살아왔던 사람들이 이 나라에서 너무 많았구나' [하는] 생각을 되게 하게 되더라고. 어떤 사람들이든 자기가 아프지 않으면 남을 바라보진 않아, 거의 뭐 한 100명에서 한두 명 빼고는. 특히 옛날 같은 경우는 그니까 담을 쌓지 않고 사는 사회여서 옆에 있던 사람 어떻게 살아가는지 다 알 수 있었잖아요, 그리고 베풂도 많았고. 근데 지금은 현대사회에서는 살기 좋아진 만큼 이기적이고 그런 사람들이 더 많이 생기는 거야. 자기 자신만 괜찮으면 된다는 생각들 때문에. 그래서 지금도 보면은 그렇잖아요. '우리 [생명안전]공원 같은 거 지어지고[지어보려고] 할 때, [세상 사람들이] 그런 다른 시선으로 보지 않나'라는 그런 생각을 많이 하게 되는 거 같아요.

면담자   앞으로 바뀌진 않을까요? 세월호 부모님들처럼 잘 버티고 계신 분들 때문에라도?

태민 엄마   잘 버텨서 [바뀌게 해야지요].

5

결혼과 남편의 잦은 이직

면담자   결혼하시고 퇴직하셨다고 하셨는데, 원래 결혼하면 퇴사하도록 되어 있었어요?

태민 엄마   아니요. 그렇진 않았는데, 이제 보편적으로 이제 그런 이야기들이 많이 돌았던 거죠. 회사 자체 내에서는 결혼을 하면 버티기 힘들다 [하기는 하는데] 근데 제 친구도 아직까지도 다니는 애가 있어요. 제가 마흔여섯이니까 26년, 27년 정도 된 거지. 근데 그 애는 월급도 되게 쎄고, 걔 같은 경우는 삼성전자 다니니까 식구들은 다 서울에 있고 신랑이 혼자서, 혼자서 여기서 자취를 하면서 지내요, 너무너무 자유롭고. '괜히 왜 그만뒀나' 지금은 그런 생각을 되게 많이 해요. '안 그랬으면 수원에 계속 살고 있었을 텐데' 그런 생각들, 후회를 되게 많이 하죠.
    아니면 애들 아빠가 건설회사를 다녔었거든요. 근데 이제 토목 같은 경우는, [남편이 했던 일이] 차가 오면은 그 시멘트 강도 측정만 하는 거예요. 공사 그런 일은 안 하고 쉽게 일을 했었는데, [19]99년도 IMF 터졌잖아요. 그러면서 불안한 직업은 아니었는데 자기가 싫은 거야. 애들 아빠 같은 경우에 자기가 성격이 되게 강하다 보니까

28
·

태민 엄마 문연옥

남 밑에서 못 있어요, 성격이. 그러기에 "너무 [하기] 싫다", 싫어 가지고 그때 이제 사직서를 내고 그만뒀던 거야, 99년도에. 그러면서 이제 저는 잠깐 미용실을 하다가, 그때는 미용실을 안 했구나 결혼하고 바로였으니까, 그때 태민이 딱 태어나고 돌도 안 됐을 때 그때 잠깐 비디오 가게를 했어요. 비디오 가게를 하다 보니까, 애들 아빠는 그때 사직서를 안 내고 98년도였으니까, 이제 인천, 오산이나 건설 같은 경우는 거의 보면 지방 쪽으로 많이 내려가잖아요. 그러면은 뭐 2주에 한 번씩 올라오고 막 그러다 보니까는, 저희가 비디오 가게 하고 그 옆에가 만둣집이 있었어요. 만둣집 사장님이 남자분이이었거든요. 근데 그분이 맨날 보니까 [태민이가] 자기 아빤 줄 아는 거야. 백일밖에 안 되고 애기니까, 아빠는 시커메 가지고….

면담자   출장을 많이 다니셨어요?

태민 엄마   한 2주에 한 번씩 오다시피 하니까는, 옆에 분을 맨날 보니까 "아빠, 아빠" 그런 거야. 오라 그러면 애들 아빠한테 가는 게 아니라 만둣집 아저씨한테 먼저 가고 손 벌리고 그러니까, 그것도 "속상했다"고 얘기를 하더라구요. 계속 아이랑 놀아주지 못하고, 그래 가지고 자기가 아빤 줄도 모르고….

면담자   나이 차이가 어떻게 되세요?

태민 엄마   3살 터울 나요.

면담자   3살이요? 그러면 그때 수원에서 연애하셨어요?

태민 엄마   그렇죠.

면담자   아버님도 수원에 계셨나요?

태민 엄마   그니까 거기서, 근무는 오산에서 하고.

면담자   아, 가까우니까.

태민 엄마   오산도 가고 평택도 가고 막 그랬으니까. 그 당시에는 오산에 있었고요. 그러다가 이제 오산에 있을 때 퇴직을 한 거 같애. 퇴직을 하고 그때 이제 비디오 가게 하면서, 이쪽으로 이제 퇴직을 하고 유리에 끼는 샤시[새시]를 배웠어요. 샤시를 배우면서 안산으로 온 거야. 수원에서 직장을 다니기가 힘드니까 어떤 기술을 배워서 자기 개인 사업을 하겠다 싶어서 이제 유리를 배웠던 거죠. 근데 이제 오다 보니까 거리가 너무 있잖아. 수원에서 안산까지 오기가 그래서, 애기가 그러니까 돌 조금 지나가지고 안산으로 왔던 거 같애요, 본오동으로. 그러면서 이제 또 둘째를 임신을 했고.

면담자   결혼을 하신 연도가 그러면 95년이에요?

태민 엄마   96년. (면담자 : 1996년이요?) 96년. 95년에? 아 맞다, 96년이다. 태민이가 97년도에 태어났으니까.

면담자   그때까지는 오산에 사셨던 거죠?

태민 엄마   예, 오산에서 근무했었어요.

면담자   비디오 가게를 운영하셨다고 하셨는데, 원래 경제활동이나 그런 걸 계속하고자 하셨던 건가요?

태민 엄마   좋아한 거는…, 사실은 저는 집에서 얌전히 (웃음) 하는 걸 좋아해. 성향 자체가 [혈액형도] A형이고 되게 내성적인 성향이 많아요.

면담자　아니, 아까 노래방 다니다가 점호시간 늦었다고도 하셨는데?(웃음)

태민 엄마　친구랑 맞으면 또 이제 그렇게 놀기는 하는데, 이제 친구 따라 또 가잖아요. 보면 자기 성향은 아니어도 친구가 어디 가자 그러면 쫓아가는 성향이었고, 우리 태민이도 그런 성향이 되게 많았어요. 그래서 우리 태민이한테 항상 하는 얘기가 "어디를 가도 무엇을 해도 너가 생각하고 있는 생각들을 친구한테 표현할 수 있는 아이가 됐으면 엄마는 좋겠다"고 그런 얘기들을 되게 많이 했었거든. 근데 애들 아빠도 내성적이고 저도 내성적이고 그러다 보니까 애들이 똑같이 그렇게 자라잖아요, 부모 성향대로…. 그렇게 안 키우고 싶어도 그렇게 자라더라고, 애들이.

6
안산 이사 후 미용 자격증 취득 과정

면담자　안산으로 옮기신 거는 언제인가요?

태민 엄마　98년도, 98년도 겨울을 지낸 다음에 온 거 같아요.

면담자　본오동으로. (태민 엄마 : 네) 비디오 가게 얘기를 하다가 잠깐 넘어갔는데, 비디오 가게는 애기가 어릴 때 결혼하시고 나서 바로 하셨던 건가요?

태민 엄마   예. 그리고 이제 애들 아빠가 안산으로 오면서 유리 가게를 했잖아요. 가게는 안 하고 배우는 직원으로 있었는데, 애들 아빠 같은 경우는 이제 뭘 하면은 되게 습득력이 좋아요, [다른 사람들이] 한 3개월이면 [남편은] 2개월 [만에 습득을 해요]. 남들 6개월 배울 거를 거의 절반 수준으로 배우니까, 한 6개월 하다가 유리 가게를 차렸던 거예요.

그리고 저는 이제 안산으로 와서 그때부터 '나도 뭔가를 해야 되겠다' 싶어 가지고, 집에 있기는 또 무력하고 그래서 그때 운전면허도 배우고…. 맨 처음 그때는 98년도, 그때 와서는 홈패션을 배웠던 거 같애. 그 당시에 홈쇼핑, 홈패션, 그다음에 컬러점토로 [장식품] 만들어가지고…, 그때 되게 그런 가게들이 되게 많았어요. 그래서 나도 이거를 배워서 '가게를 차려야지' 하고 배웠는데, 또 배우다 보니까 이게 어느 정도 1년 사이에 이제 막 가게들이 문을 닫기 시작을 하는 거예요. 그게 오래 못 갔어요. 그래 가지고 그러면 아이를 좋아하니까 이제 '선교원이나 하나 차려볼까?' 그래서 또 이제 잠깐 6개월 정도를 그런 보육교사 그런 거를 조금 또 공부를 했어요. 하다가 또 이것도 아닌 거 같애, 성향이(웃음). 그래 가지고 그걸 그만두고 그때 미용을 배웠던 거 같애. 고사이가, 틈이 1년 사이에 이것저거를 다 했어요.

면담자   거의 98년 말에 가셨으니까 99년 한 해 동안 다 배우신 거예요?

태민 엄마   거의 6개월 가까이를 홈패션이랑 컬러점토 자격증을 따고, 고 잠깐 3개월 정도를 선교원에서 공부를 했던 거 같애. 어린이집 차리려고 한 3개월 정도를 한 거 같애요. 그리고 이제 아이 임신해 갖고 임신 초기? 한 초기 정도 됐던 거 같애. 그때부터 미용 자격증을 따기 시작했던 거 같애요.

면담자   이건 어디서 배우셨어요?

태민 엄마   학원을 좀 다니다가요, 애를 임신한 걸 알고 학원은 안 되겠더라고. 그래 가지고, 아, 학원을 다니다가 그러고 시험을 한 번 쳤어요. 애를 임신을 하고 그니까 연습할 시간이 되게 많이 없었을 거 아니에요? 첫애다 보니까 더 많이 힘들고 그래 가지고….

면담자   미용사 준비하실 때 임신하셨던 게 둘째 아닌가요, 이때면? (태민 엄마 : 첫째) 첫째요? (태민 엄마 : 그때가 99년도, 아…) 이게 99년인데요, 어머니. 97년에 태민이가 이미 태어났으니… (태민 엄마 : 아, 둘째, 둘째) 그럼 태민인 이때 어디 보육원에 다니고 있었어요?

태민 엄마   아닌데? 이게 꼬였나 보다.

면담자   이거 약간 좀 순서를 맞춰볼까요? 그니까 96년에 결혼을 하셔가지고, 98년 겨울에 안산으로 오셔서 새 가게를 하셨다고 하셨거든요.

태민 엄마   예, 맞아요. 이거는 맞아.

면담자   그러면 이게 비디오 가게 하실 땐가요?

태민 엄마   아, 그러면 애를 데리고 했다.

면담자   태민이를 데리고?

태민 엄마   태민이를 데리고. 그리고 애가 있으니까 잠깐 우리 어머님이 봐주셨어요, 시어머님이.

면담자   그러면은 둘째를 임신해 가지고 미용을 배우셨어요?

태민 엄마   (면담자의 메모를 가리키며) 요거, 요거는 아니에요.

면담자   99년은 맞는 거죠?

태민 엄마   네, 연도는 맞아요.

면담자   태민이가 약간 돌이나 돌에서 조금 지날 때?

태민 엄마   98년도 말 정도부터 미용실을, 미용을 했던 거 같애. 98년도 말 정도부터 미용을 하다가, 98년도 고 때에 일이 많았어요(웃음).

면담자   다사다난했던(웃음) 해였네요.

태민 엄마   예, 일을 많이 했던 거 같애, 고 때. 아이를 한 3개월 정도를 저희 어머님이 봐주셨어요, 미용실 일을 하니까 자격증을 따라고. 그리고 자격증을 이제…, 아닌데 나 왜 이렇게 헷갈리지…. (면담자 : 괜찮아요) 애를 임신해서, 둘째를 임신을 해가지고 미용 자격증을 따러 갔구나….

면담자   둘째 임신하셨을 때 미용 자격증 따러 다니셨던 것 같아요.

태민 엄마 어, 맞아요, 맞아요. 연도를 모르겠어. 헷갈려 자꾸, 연도 얘기를 하다 보니까.

면담자 네, 네. 죄송해요, 이거 중요한 건 아닌데.

태민 엄마 그쵸, 연도는 중요하지 않죠?

면담자 네. 그러면은 태민이는 시어머니가 봐주거나, 아니면 임신하신 상태에서 가끔은 데리고 미용 자격증을 준비하셨던 거네요. 제가 왜 여쭤보냐면 사실 애를 임신하거나 키우면서 일을 계속하기에는 너무 힘들잖아요. 그런데 안산에서 어머니들을 뵈면 '아, 저 생활력과 저 힘은 어디서 나오는 거지?' 하고 궁금할 때가 있어요.

태민 엄마 임신해 갖고 자격증, 둘째를 임신해 가지고 자격증 시험을 보러 갔어요. 근데 처음에 떨어진 거야. 그래 가지고 애를 데리고…, 또 이제 여기 초지복지관에는 복지관 안에 아이를 보육을 해주면서 자격증을 따게끔 해줬어요, 그 당시에. 그게 난 이렇게 자꾸만 헷갈리는지 몰라, 그때 둘 다를 데리고 다녔던 거 같은 생각이 들어, 둘 다를. 둘 다를 데리고 다니면서 이제 맡겨놓고 연습을 하고 해서.

면담자 유아방 같은 데 맡기고요?

태민 엄마 그리고 자격증을 딴 거 같아요.

면담자 얼마나 걸리셨어요?

태민 엄마 자격증 딴 거는 그래도 빨리 땄어요. 그렇게 따면서 이제 운전면허도 같이 배우면서, 예, 애를 임신한 상태에서, 둘째를 임신한 상태에서 그렇게 했던 거지.

7
맞벌이하며 아이 키우며

면담자   옛날 일이긴 하지만 혹시 그때 바쁘게 다니셨던 어떤 동기랄까, 그런 게 있으세요?

태민 엄마   이제 애들 아빠한테 경제력을 맡기는 것보다 저도 어떤 사회생활을 하고 싶었어요, 집에 있는 것보다는. 그래야지, 같이 벌고 그래야지 아이들한테도 하나라도 더 사주고 싶고, 그런 마음이 되게 강했던 거 같애.

면담자   약간 부모의 책임감으로 계속 일을 하셨던 거군요.

태민 엄마   그런 걸, 도움을, 그리고 저희 부모님한테나 애들 아빠도 마찬가지지만… 받을 것도 없었고, 사실은 그것도 원하지도 않았고. 그리고 이제 애들 아빠도 돈이 없었어요, 사실은 결혼할 때. 그래 가지고 제가 그동안 모아놨던, 5년 동안 [모은] 거[로] 전세금도 하고, 그때 2300[만 원]짜리 전세를 제가 얻었던 거 같애요.

면담자   거의 결혼생활을 어머니 돈으로 시작하신 거네요.

태민 엄마   애들 아빠는 거의 없었고, 거의 한 800만 원 정도 있었고, 제가 해가지고. 사실은 없었던 거죠, 많이. 그래서 이제 같이 벌어야 되지 않을까, 그리고 애들 아빠가 이제 건설회사를 그만두면서….

면담자   자영업을 시작하셨으니까.

태민 엄마   예, 또 이제 모아논 건 없고, 나중에 자영업 할라 그러면 어느 정도 돈이 있어야 되니까 '내가 일을 해야 되겠구나' [하고] 생각을 되게 많이 했어요. 그래서 '내가 아이를 봐가면서 할 수 있는 일이 뭘까?'라는 생각을 되게 많이 했던 거 같애, 그 나이인데도. 지금 아이들을 보면 모르겠어요, 내가 '철이 있었던 거'라는 생각이 많이 드는 거 같애. 근데 지금 아이들이 커오는 과정도 부모님들한테 더 많이 의존을 하게끔 사회 자체가 그렇게 돼 있잖아요. 그니까 25, 26살 아이들을 보면은 '왜 이렇게 철이 없을까?' 하는 생각들(웃음).

면담자   요즘은 그 나이대면 애들이죠.

태민 엄마   그 당시에 저를 봤을 때 부모, 어른들은 저를 봤을 때는 '철이 없다'는 생각을 했었겠죠? 근데 이제 제가 나이를 어느 정도 40대 중후반, 정말 성인이 되다 보니까, 어른이 되다 보니까 아이들을 보면 그런 생각들이 되게 많이 드는 거 같애. 저희 딸을 봐도 그런 생각이 많이 들어요. 저희 같은 경우 지금 이제 [둘째가] 고3이잖아요. '나는 고3 때 저러지 않았다'라는 생각을 되게 많이 하거든요.

면담자   1999년생인 거죠?

태민 엄마   예. 그리고 또 생일이 늦어요, 12월생이라. 근데 그런 것도 있지만 이렇게 자라오면서 오빠한테 의존도를, 되게 많이 의존을 해가면서 살았던 거 같아요. 너무 의지하다 보니까 자기 스스로 하는 게 없고, 그런 거 보면 되게 많이 아파요.

면담자   그 미용실 운영하시면서 육아를 같이 하신 거잖아요. (태민 엄마 : 네, 네) 근데 혹시 아빠에 대해서 좀 불만이 있다거나 하시지는 않았어요? (태민 엄마 : 많죠(웃음)) 자영업 하시면 불규칙한 생활을 하게 되고 시간을 조정할 수가 없잖아요. 태민이나 여동생이나 좀 자립심이랄까 이런 게 강했나요?

태민 엄마   그게 사실은 우리 아이 보내고 나서 그게 제일 미안해요. 왜냐하면 어, 뭐랄까 자격증 따고 나서 쉴 수가 없어서 잠깐 우리 둘째 태어났을 때도 동생한테 맡겼어요, 동생이 봐준다 그래서. 근데 손을 놀 수도 없는 직업이라, 어느 정도 시간이, 그래도 스텝[스태프] 생활을 어느 정도 해야지 내가 가게를 차릴 수가 있으니까 스텝 생활을 한 4, 5년 정도 한 거 같애요. 그렇게 하다 보니까 막내는 내 동생이 봐준다고 해서 띠[떼]어놨고, 대구에다가 띠[떼]어놨었고 그리고 이제 큰애 같은 경우는 어린이집을 보내고, 그리고 둘째 같은 경우에 3개월 그 정도를 띠어놨어요. 근데 어느 날 이제 대구를 갔는데 애가 너무 말라 있는 거야⋯. 안 그래도 입이 짧은데, 입이 워낙 짧았어, 눈만 걔가 눈이 되게 커요, 눈만 땡그란 거야. 그게 너무 많이 가슴이 너무 아팠어. 우리 애들 아빠도 그 얘길 많이 해요 지금도. [그때] "너무 많이 힘들었다"고, "애[를] 보는 게". 바로 데리고 왔거든요. 데리고 와서 거의 돌 정도까지는 제가 데리고 있다가⋯, 돌도 안 된 상태에서 보냈으니까, 갓난쟁이를.

그러고 나서 어린이집 보내면서 두 돌 정도, 두 돌까지 제가 미용실 일을 못 하고 그러면서 이제 우유 배달을 했어요, 오전 타임만 잠깐 '뭐라도 해야지' 하고. 잠깐 애를 옆집에다 맡[맡]겨놓고 그러고 한 6개월 정도 하다가 그다음에 애를 둘 다 어린이집을 보내기 시작 한 거죠. 그러고 이제 제가 미용실 일을 하고 애들 아빠도 자영업을 하고. 그때 이제 애들 아빠가 유리 가게를 차렸어요. 그때는 이제 방 이 딸려 있는 가게들이 많이 있었어요. 그래 가지고 방에서 같이 하 면서 애들 아빠가 가게를 하고, 그리고 저는 미용실, 직장을 다녔던 거죠, 9시부터 저녁 9시까지 이렇게.

면담자   그럼 애들을 누가 데려다줬어요, 어린이집에?

태민 엄마   제가 데려다주고 데리고 오는 건…, 왜냐하면 어린이 집이 바로 가게 옆이었어요, 아침에 안 갈라 그러죠, 애가 2살밖에 안 되고 큰애는 이제 4살 정도 됐으니까. 겨우 이제 걸음마 조금 하 고 조금 지내고 그런 단계였는데…. 이제 막내가 안 떨어질라 그러 니까 올려 보내면 2층이었는데, 올려 보내면 중간에서 제가 뒤돌아 서 나와야지만 걔가 올라가거든요. 그래도 엄마가 안 보여야지만 애 들이 떨어지니까 올려 보내놓고 막 애가 우는 거야. 그러면 큰애가 달래가지고, "엄마 일하러 가야 되지 않냐", 달래가면서 데리고 올라 가더라구. 그러고 몇 번을 뒤돌아서면서도 많이 울었어요, 정말. (침 묵) 정말 많이 울면서 보냈던 거 같애요. 그런 게 사실 큰애가 부담 을 져야 될 게 아니잖아요. 근데 부담을 줘가면서 그렇게 키웠던 거 같애, (울먹이며) "너가 해야 된다"고.

면담자   그런 말이 나오죠, 은연중에, "너가 오빠니깐 동생을 잘 봐라". 그러면 초등학교 입학 전까지는 어린이집에 계속 같이 다녔어요?

태민 엄마   네, 둘이 같이 항상.

면담자   그러면 남매간의 관계가 친밀해지잖아요, 이제 부모님이 없는 상태에서 둘이 같이 생활하다 보니까. (태민 엄마 : 예, 예) 맞벌이를 하셨던 집 친구들 같은 경우에는 형제자매들 사이도 좀 남다르고, 그 사이에 상처도 있고 하더라구요.

태민 엄마   예, 그런 면이 있죠. 그리고 이제 우리 태민이가 4학년 됐을 때, 그리고 우리 둘째가 2학년, 초등학교 2학년인 거죠. 그때 또 미용실, 제가 [애들] 한 몇 살 [때더라?] 초등학교 3학년, 2학년? 어, 2학년 정도 됐구나, 우리 큰애가 2학년 정도 됐을 때 이제 가게를 제가 얻었어요, 미용실 가게를.

면담자   운영을 하신 거죠?

태민 엄마   예. 그렇게 하다 보면서 2층에다가는 집을 얻고 1층에다 제가 이제 미용실을 얻었던 거죠. 그래야지만 이제 애를 봐가면서, 어린이집을 갔다 와도 제가 미용실에 데리고 있으면서 이제 올라가서 밥도 챙겨주고 할 수 있으니까 일부러 그렇게 얻었던 거예요. 하다 보니까 이제 35살 돼서 또 임신을 했어요, 막내를. 우연찮게 그렇게 애가 생겨가지고 저희 애들 아빠도 '이걸 어떻게 해야 되나' 고민이 되게 됐던 거야. 점 같은 걸 생전 보지 않던 사람이 점을 몇 군데를 가서 본 거예요. 점을 보니까 이제 어디를 갔는데, 애들 아빠 얼굴만 딱 보더니, "내가 당신이 어떻게 왜 왔는지 알겠다"고 얘기를 하시는 거예요. 그러더니 "낳으세요, 낳으세요. 그 아이는 꼭 낳으셔야 됩니다"고 얘기를 했다는 거예요. 그래 가지고 '어, 이거 뭐지?'라는 그런 생각을 되게 많이 했대요. 그래서 어떻게 낳았어요, 저도 사실은 지울 생각도 없었고. 10살 터울이 나는 거죠. 큰애가 초등학교 4학년 때 애가 태어났으니까. 지금 [막내] △△이 같은 경우도 지금 이제 10살이거든요.

면담자   3학년이요?

태민 엄마   예, [태민이가] 초등학교 4학년 때 11살 때 [막내를 낳았어요].

면담자   그러면은 2008년생이다, 그쵸?

태민 엄마   우리 막내요? 2007년도생.

면담자   그럼 4학년인데, 올해….

태민 엄마   예, 4학년. 지금 올해 4학년, 우리 큰애가 4학년 때 애가[애를] 낳은 거야.

면담자   아, 저도 첫째 딸이 2007년생이에요. 저희 같이 임신해서(웃음), 저는 첫애가 이제 4학년이에요.

태민 엄마   그때 황금돼지[띠]라 그래 가지고 임신 되게 많이, 애들을 되게 많이 낳았어요. 그때 원래는, 그 저희 살던 건물 자체에 젊은 엄마들이 많았어요. 근데 애가 안 생기던 집이[에] 생긴 거야, 애가. 그 건물에 임신한 사람들이 그 연도에 세 집이 임신을 한 거예

요. 그래서 그게 나는 부러웠나 봐. 그래 가지고 애가 생긴 거야. 〈비공개〉

면담자   막내가 2007년 12월생인가요?

태민 엄마   그니까 1살 더 먹고 거의 며칠 만에 1살 더 먹은 거지. 애가 되게 작아, 봐도. 그니까 '저 나이 때 우리 태민이가 그런 동생을 챙기고, 우유를 먹이고 했구나…' [하는 생각이 들더라고요]. 보면은 정말 안쓰러운 생각이 많이 들어요. 지금 우리 △△이 보면 되게 어리거든요, 같은 4학년이어도…. 생일이 늦다 보니까 더한 그런 것도 있지만, 그래도 '저런 조그만 애가 무슨 생각을 가지고, 애 우유를 타서 우유를 먹이고 기저귀를 갈아주고 다 했을까'라는 생각, 그런 생각 되게 많이 들어요.

면담자   태민이가 막내를 되게 예뻐했어요?

태민 엄마   예, 막내…. 큰애는 혼자만 남자고 다 여동생이잖아요. 어린이집 갔다 오면 걔의 부담감이 되게 컸던 거 같애요. 애들 아빠 같은 경우도 저녁에 늦게 들어오지. 〈비공개〉

면담자   막내를 낳을 때, 태민이나 아니면 태민이 여동생이나 좀 거부하거나 그러지 않았어요? 잘 받아들였어요?

태민 엄마   우리 애들 같은 경우는 큰애, 태민이 키울 때도 우유만 먹여주면 배만 안 고프면 혼자서 노는 스타일이었거든요. 근데 둘째도 마찬가지고, 막내도 마찬가지고 보채거나 그런 거 전혀 없었고…, 근데 조금 시기는 하죠, 아무래도. 막내 같은 경우는 나이 터울이 많이 났잖아요. 그래서 시기하는 건 그런 건 없었던 거 같애요. 되게 잘 놀아주고, 언니, 오빠가.

[저는] 미용실 하고 애들 아빠 부동산 한다고 늦어지고, 일한다고 늦어지고 그러면은, 거의 보면 유치원 같은 경우 한 3시, 4시면 끝나잖아요, 그러면 큰애가 그때부턴 밖에 나가서 놀지를 못하는 거야. 학교 오자마자 바로 학원 갔다 오고 태권도 학원 갔다 오고, 그러면 이제 걔 부담. 애기 봐주고 기저귀 갈아주고 우유 먹여주고, 그다음에 밥 챙겨서 먹이고…, 그렇게 하다 보니까 [태민이가] 중학교 때부터 요리사가 되는 게 꿈이 돼버린 거야. 저는 초등학교 때는 걔 꿈이 요리사인 걸 몰랐어요, 사실은 관심 갖고 보지도 않았고. 근데 나중에 보니까 초등학교 때도 요리사가 꿈이더라고. 그게 자연적으로 아이들을 밥을 챙겨주고 동생을 돌보고 하다 보니까 자연스럽게 그렇게 돼버린 거야.

면담자   원래 요리를 하기 싫어하거나 하지는 않았어요?

태민 엄마   아니요, 싫어하지는 않았어요. 근데 좋아서 한 거 같지는 않아. 크면서는 자기가 공부를 잘하진 않았어요, 크게 재주랄 것도 없고. 그러니까 했던 거 같애.

8
태민이에게 가진 죄책감

면담자   미용실은 주말에도 문을 열잖아요, 그러니까 아이들이랑 같이할 시간이 부족하셨겠어요.

태민 엄마   한 달에 두 번밖에 안 쉬었어요.

면담자   아이들과 놀러 다닌다거나….

태민 엄마   없었어요, 거의 없었어요. 방학 때도 자기네들끼리 놀고, 나는 일을 해야 되니까. 그니까 그게 제일 미안해요, 사실은. 애들 많이 못 챙겨주고. 우리 태민이 같은 경우는 그런 게 많았던 거 같애, 참을성. 되게 많이 모든 걸 다 참았어, 자기가 싫은 거 있어도 내색 안 하고. 제가 그랬잖아요, 친구들 사이에서도 그냥, 그냥 응하는 스타일. 뭐 하자 그러면 따라가는 스타일이었고, 앞에 나서서 하는 그런 건 거의 없었고.

면담자   태민이와의 일로 기억나시는 거 더 말해주셔도 좋을 것 같아요.

태민 엄마   애가, 태민이가 돌 안 지났을 때였어요. 거의 1년 정도 됐을 때 애가 열이 났는데, 잘 놀아. 그래서 이제 잘 놀길래 '열은 좀 높아도 약을 먹였으니까 잘 놀겠지' 하고 있었는데, 설거지를 하다 방에 들어갔는데 애가 눈이 돌아간 거야. (면담자 : 진짜요?) 막 39도, 40도까지 올라갔으니까요. 근데 저는 그걸 몰랐어요, 애가 잘 못되는 줄 알고, 그게 경기더라고. 그래 가지고 그날이 토요일 날이었는데 작은 병원들은 문 닫잖아요, 토요일 같은 경우는. 본오동에서 애를, 신호를 무시하고 고잔동 고대병원까지 온 거야. 그랬더니 옷을 후딱 다 벗기고 내시경[으로 본 다음에] 토해내게끔 하더라고.

저는 정말 애가 어떻게 되는 줄 알고, 그런 게 처음이니까. 그래 가지고 왔는데 물로 다 닦여내고 하니까 돌아오더라고 애가. "어머니 애는 커서까지 그럴 수 있으니까 주의시켜야, 주의하셔야 [돼요]", 열나면 또 할 수 있다고 경기, 그니까 잘 보시라고 얘기를 하더라구요. 그래서 열나면 되게 걱정을 되게 많이 했던 거 같애. 그리고 기관지나 이런 쪽으로 약했어요. 축농증 이런 게 심해 가지고 항상 코가 막혀가지고 살았던 거야. '그게 얼마나 답답했을까'라는 생각을 되게 많이 해, 지금은. 좀 빨리 고쳐줄걸, '성인 되면 괜찮겠지…' 계속 그랬었거든요.

면담자 　　둘째랑은 많이 싸우지 않아요?

태민 엄마 　　근데 저가 있을 때는 그냥 말로 틱틱 하긴 했는데, 저 없을 때는 오빠가 발로 찼다고….

면담자 　　2살 차인데, 막내는 너무 나이 차이가 많이 나니까.

태민 엄마 　　막내만 예뻐하고, 자고 있으면은 가서 깨물어 주고 그랬어, 큰애가요 맨날.

면담자 　　예쁘다고?

태민 엄마 　　예쁘다고 깨물어 주고 [해서] "야, 자는데 건드리지 말라"고 [제가 그럴 정도였거든요]. 우리 △△이가 막내거든. 가끔 얘기를 많이 해요, 오빠 얘기를, "오빠가 이랬다, 저랬다" 그러면서. 한두세 달 전에는 저도 몰랐던 얘긴데, 차를 타고 이제 집에 데리고 가는 길인데, 오빠가 그랬[다고 하는데], 자기 무릎 까졌는데 약 발라주면서 대일밴드 붙여줬다고. 그게 8살, 7살 때 기억이야, 7살 때. [△△이가] 초등학교 1학년 들어가자마자 거의 [태민이] 사고가 났으니까…. 그 얘기를 해주더라고. 눈물이 나는 거예요. (울먹이며) 그런 기억까진 안 갖고 있어도 되는데, 그런 기억을 하고 있으니까…(울음).

면담자   태민이는 중학교 가서는 사춘기나 이런 건 없었어요?

태민 엄마   거의 없었어요. 우리 둘째 같은 경우는, ○○이 같은 경우도 지금 고3이잖아요. 근데 거의 사춘기, 특별하게 드러날 정도로 거의 없었던 거 같애, 둘 다.

면담자   ○○이도 중학생이었으니까, 오빠가 사고당했을 때.

태민 엄마   근데 내색을 많이 안 하더라고. 걔도 뒤에 가선 많이 울었겠죠. 제 앞에서는 정말 담담하니, '어쩌면 저럴 수가 있지. 오빠가 저렇게 힘들게 갔는데' 그런 생각까지 들 정도로 되게 담담했어요. 그리고 워낙 내색 자체를 많이 안 했으니까, 또 걔도 되게 많이 내성적이고. 근데 이제 그때 사고 나고 학교에서 면담도 많이 하고. 많이 했거든요. 그때도 선생님이 "○○이는 그래도 잘 받아들이는 거 같다"고 얘기를 하시더라고. 저는 사실은 ○○이보다 △△이가 더 걱정돼요.

면담자   더 어렸을 때였고 오빠랑 관계도 더 깊었고 하니…. 형제자매분들도 사실 배려를 많이 해야 되는 상황일 거 같아요.

9
태민이에 대한 기억들

면담자　　태민이, 고등학교 진학하거나 이럴 때는 특별히 부모님이랑 문제가 있다거나 그러진 않았는지요?

태민 엄마　　저희 태민이 같은 경우 속 썩이는 게 거의 없는 거 같애. 작은 것들은 있었겠죠. 근데 작은 것들은 제가 기억이 안 나고, 큰애 같은 경우는 중학교 2학년, 3학년 때 학교에서 뜀틀을 했대요. 뜀틀을 하고 집에 왔는데 팔이 아프대, 한 번 꺾였다는 거야. 그래 가지고 "그래 병원 가야지" [했더니] 미용실에 와서 하는 얘기가 그래요. "아니야 엄마, 괜찮은 거 같애" 그래요. 그래 가지고 아침에 일어났는데 좀 부었어. 아프긴 하대요. "학교 갈 수 있겠어? 아프면 병원 가야지" 그랬더니 "학교 갔다 와서 나중에 병원 가면 된다"고 학교를 갔어. 근데 2교시 하고 전화가 왔어요. "엄마 나 도저히 아파서 도저히 안 되겠다고 나 집에 가니까 병원 같이 가주라" 그래. "그래 와라" 그래서 갔는데 엑스레일 찍었는데 이 뼈가 일직선이 돼 있잖아. 이게 완전히 틀어졌어, 두 대가 다. 얼마나 아팠겠어요. 그걸 참고 있더라니깐. 그래 가지고 병원 선생님이 그러시는 거야, "너네 친부모님 맞냐"고. (웃으며) "아무래도 친부모 아닌 거 같다고, 어떻게 애를 이 지경이 되도록 놔뒀니?" 그러면서 의사 선생님 남자분 두 분이서 양쪽을 잡고 탁 틀어서 맞추더라니까. 그러고도 눈물 한 번 안 흘린….

면담자　　평소에도 그런 편이었어요?

태민 엄마   모든 걸 참고 살았던 거죠. 그리고 뭐 갖고 싶은 것도 사실은 그 나이 때 많잖아요, 고등학교, 중학교 그럴 때면. 애들 뭐, 브랜드 입고 다니는, 정말 80만 원짜리 이런 거 사갖고 입고 다니는 [애들도] 사실은 많아요. 미용실 일을 하다 보면은 중학교 막 3학년 애들이 알바를 간다는 거야. 그래 가지고 "무슨 알바를 왜 해, 공부를 해야지" [하면] "저 뭐, 뭐 사야 돼요 그게 80만 원이에요" 그러는 애들이 태반이었어요. 그러면은 '우리 태민이도 갖고 싶을 텐데', 80만 원짜리는 못 사줘도 한 3, 40만 원짜리는 엄마로서 사줄 수 있으니까 물어보면은, "뭐 그런 거를 입고 다니냐"고 "엄마 나 그런 거 필요 없어" 그러면서 "나는 한 2만 원짜리 저기 인터넷에서 자기가 고르면 그것만 결제만 해달라"는 거야. 그렇게 사갖고 입고 다녔다니까요. 그런 게 제일 미안한 거 같애. 그리고 이제 고등학교, 중학교 졸업하면서 제가 이게 브랜드가 뭐죠? 노스페이스(웃음).

면담자   한창 유행했던?

태민 엄마   예. 그래 가지고 아디다스 한 벌이랑 노스페이스 잠바를 사줬어요. 좋아는 하더라고, 근데 잘 안 입더라고. 자기는 이런 게 부담스럽다는 거야. 싼 것만 입고 다니고 그러다 보니까는 아끼는 건지 어쩐지 잘 안 입더라고.

면담자   고등학교 진학할 때 단원고등학교 간다고 했을 때는 다른 어떤 의견 있거나 그러진 않으셨어요? 태민이가 선택했어요?

태민 엄마   예. 저는 사실은 안산공고를 가기를 원했어요, 취업하기도 좋고. 그다음에 기술을 배우는 게 차라리 낫지 않을까 그래서 공고를 얘기를 했는데, 애들 아빠 같은 경우에 "무슨 공고냐, 그냥 저기 일반 인문계 가서 대학 가야지" 하고 이제 얘기를 하더라구….

면담자   아버님이 그렇게 얘기를 하셨던 거는 그래도 남자는 대학을 나와야 된다고 생각하셔서요?

태민 엄마   예, 그런 생각이 있었던 거죠. 애들 아빠도 이제 대학을 못 갔으니까, 자기는 형편만 됐으면 대학을 갔을 거라고…. 요즘은 대학은 나와야지, 필수적으로 대학은 나와야 된다고 생각하는데…, 근데 이제 태민이 같은 경우는 1학년 들어가면서부터 자기는 대학보다도 전문대 요리, 어차피 요리 쪽으로 관심을 갖고 있었기 때문에, 그리고 중학교 졸업하면서 중학교 3학년까지도 요리 꿈을 버리지 않았어요. 그러면 엄마가, 저도 사실은 제가 자영업을 하지만 미용실보다도 오히려 요리사가 훨씬 더 어려운 일이거든. 그리고 밑에서 시다[보조] 생활도 많이 해야 되고, 유학도, 어느 정도 하려면 유학도 갔다 와야 되고. 너무 힘들고 그런 일보다는 '조금 공부 좀 해서 사무직이나 그런 쪽으로 가면 오히려 낫지 않을까' 그런 생각을 많이 갖고 있었어요.

면담자   내색은 안 하셨어요?

태민 엄마   예, 얘기는 한 번씩 했죠. "너가 중학교 졸업하고 고등학교 가서도 꿈이 바뀌지 않으면, 그땐 엄마가 학원 보내줄게" 해서 1년을, 한 4, 5개월 정도 다녔던 거 같애.

면담자   고등학교 1학년 때요?

태민 엄마   예, 예.

면담자   4, 5개월밖에 다니지 못했던 건 사연이 있나요? 공부
때문에?

태민 엄마   아, 그니까 그때부터 어디야, 후반기 때부터, [1학년]
2학기, 2학기 때부터 그때부터 이제 학원을 다녔던 거죠, 사고 나기
전까지….

면담자   아, 그렇구나, 고등학교 1학년 후반부터, 그럼 고등학
교 때도 꿈이 유지가 되었나 보네요?

태민 엄마   보내면서 이제, 자기가 그때 1학년 때 제 생일 때 함박
스테이크를 해주더라고요.

면담자   아, 진짜요? 몇 월 달이었어요?

태민 엄마   10월 달요. 뭔가 배우고 얼마 안 지났을 때지. 생일상
엄마 상 차려준다고 차려줬는데, 사실은 자기 나름대로 되게 열심히
한 거죠. 근데 조금 이제 서툰 감은 좀 많이 있었지, 근데 이제…….

면담자   맛이 없었어요? (웃음)

태민 엄마   맛은 있었어요, 맛있었어요. 소고기 갖다가 제가 다
사다줬거든. 재료는 다 사다줬는데, 맛있었는데…, 그 얘기를 하더
라고, "엄마, 미안하다고 이렇게밖에 못 차려줘서". 자기가 졸업하
고, 고등학교 졸업하고, 지금 한호전[한국호텔전문학교] 있죠? 여기 안
산에, 거기 전문대거든 거기는. 거기 들어가서, 자기가 자격증 두 개
만 있으면 거기는 들어갈 수 있으니까, 거기는 이제 100프로 취업을

시켜줘요, 호텔 쪽으로. 거의 호텔 쪽으로 많이 시켜주더라고. 거기 들어가서 나중에 호텔 가서 상 근사하게 차려줄 거라고, 그 얘기를 했어요.

면담자　　그런 얘기를….

태민 엄마　　그게 마지막 생일상이었지…….

면담자　　1학년 때부터 진로가 확실했네요.

태민 엄마　　진로 완전히 확실하게 갖고 있었던 거죠.

면담자　　더 걱정 안 하셨을 거 같아요, 고등학교 가서는.

태민 엄마　　당연히 저는 코스로 그렇게 갈 거라고 난 생각을 하고 있었지.

면담자　　그 고등학교 와서는 이제 좀 어머니가 태민이랑 별도로 대화를 한다거나 이런 방법이 좀 있으셨는지?

태민 엄마　　이제 미용실을…, 1학년 때, 애들 아빠가 [태민이] 고등학교에 들어가면서 "부동산은 도저히 안 되겠다" 그러면서 고 때 그만뒀던 거예요. 1학년 그때 그만두면서 [태민이] 할아버지가, 아버님이 어머니랑 당진에서 콩국수 장사를 하세요. 근데 되게 잘되거든요. 하루에 500그릇 이상 팔 정도로 거의 대박 난 집이거든. 저희 시아버님이 자기가 "보조를 해줄 테니까 가게를 내라" 그래 가지고 가게를 냈는데, 이제 친구가 거기를 서빙으로 다니게 됐어요, 애들 아빠랑 같이. 애들 아빠는 주방에서 일을 하고, 친구가 홀을 보고. 근데 걔가 술을 먹고 안 나온 거야, 며칠을. 그리고 이제 홀을 볼 사람이 없잖아요, 당장. 그래 가지고 제가 미용실을 그만뒀어요.

면담자   미용실 하셨던 거를….

태민 엄마   하고 있다가 중간에 이제 제가 가게를 뺐던 거죠. 뺐는데 제 친구가 또 이제 가게를 알아보고 다니던 미용실 애가 있어요. 걔가 이제 "그러면 내가 인수를 하겠다" 해서 한 달 만에 빼줬던 거야 가게를, 미용실을. 그리고 제가 애들 아빠 가게로 들어갔던 거죠. 그러면서 같이 일을 하다 보니까 아무래도 부부가 같이 일을 하다 보면 서로 트러블이 되게 많잖아요, 나는 이렇게 해줬으면 좋겠는데 애들 아빠는 안 그러고. 그리고 이제 같이 일을 하면 내가 예를 들어서 홀을 보고 자기가 주방을 보면, 주방 일은 다 알아서 해야 되잖아요, 마무리까지 싹 다, 청소까지 다. [근데] 안 하는 거야. 안 하면 내가 할 수밖에 없잖아요. 하라고 얘기를 하면은 이제 아무래도 "나중에 하면 돼" [하고] 들어오면 저는 그게 또 이제 싫은 거야. 빨리 빨리 해버리고 해야 되는데, 그러면 또 이제 내가 하게 돼. 그러면 또 씩씩거리면서 하게 되는 거지. 그렇게 하다가 되게 싸움을 많이 했던 거 같애.

걔가 그니까 고등학교 1학년 때 그랬던 거죠. 그러면서 그게 쭉 연결이 됐던 거예요, 이렇게 사고 나기 전까지. 엄마가 많이 힘들어하고 그런 걸 되게 많이 보고 갔던 거지…. 우리 태민이도 중학교 들어가고 이제 저보다 키가 커지잖아요. 자꾸만 이렇게 위를 쳐다보게 되고 덩치도 어느 정도, 마르긴 했어도 의젓한 면이 되게 많이 있었던 거 같애. 애들 아빠한테 의지하는 거보다 태민이한테 많이 의지를 했던 거 같애요. 저희 어머니도 애 그러고 나서 "우리 태민이 어떡하냐. 태민이한테 너가 의지를 되게 많이 하고 사는 거 아는데, 어떡하니" [하시면서] 되게 많이 울었어요, 저희 어머니도(울음). 〈비공개〉

10
수학여행 가기까지

면담자　　　　6반이 문과 남자 반이죠? (태민 엄마 : 예, 문과요) 누구랑 친했나요?

태민 엄마　　　　2학년 5반에 성원이가 있어요, 조성원이. 걔랑 초등학교 1학년 때부터 계속, 유치원 [때부터] 오래 동네에서 같이 살았거든요. 초등학교, 유치원 다닐 때부터 친구였던 거 같애. 화랑초등학교, 그다음에 단원중, 고등학교[까지] 같이 다 나왔던 애들이고…. 그리고 지금 미수습자로 남아 있는 [박]영인이 있죠? 걔랑도 좀 친하게 지냈던 거 같애.

면담자　　　　수학여행 가기 전에 이제 학교에서 설문조사 같은 거 했었잖아요? 혹시 기억나는 게 있으신지요? 아니면 태민이랑 같이 이야기를 나눴던 것이라든가….

태민 엄마　　　　이제 2학년 때 올라가서 수학여행 간다고 용지를 갖고 왔잖아요. 근데 그 애가 그런 얘기를 하더라고. "엄마 여행 가는데, 수학여행 가는데 34만 원이래" [하고] 얘기를 해요. 그래 가지고 "너무 비싼데 나 안 가고 싶다"고 [하길래 제가] "그걸 왜 안 가니?" [했었어요. 근데 애네들이 중학교, 초등학교 땐가? 초등학교 때도 못 가고 중학교 때도 못 갔던 거 같애, 그 무슨 바이러슨가 뭐, 아무튼 그게 있어 가지고 단체로 못 간 적이 있어요, 수학여행 자체를. 그래가지고 고등학교 때는 그래도 "가야 되지는 않니. 가기 싫어도 가. 그게 기억에 얼마나 많이 남는지 아니?" 그러면서 제가 보냈어요. 그래서 설문조사를 했어. 뭐 비행기를, "배를 타고 갈 거야" 그래서 애가… 학교에서도 그 얘기를 했대요, "배를 타고 가면 불꽃놀이도 하고 재밌다"고. 또 집에 와서 그 얘기를 하더라고, "불꽃놀이하고 그러면 배가 재밌으니까 올 때는 비행기를 타고 오고 갈 때는 배 타고 간다"고. 그래서 그러면 그렇게 하라고 저도 그렇게 얘기를 했죠.

면담자　　　가기 전에는 특별히 다른 얘기는 없었구요?

태민 엄마　　다른 얘기는, 다른 얘기는 없었어요.

면담자　　　수학여행을 15일 날 아침에 출발을 하는데, 혹시 전날은 태민이가 좀 어때 보였어요? 준비하거나 할 때….

태민 엄마　　특별한 기억은 없고요. 가기 전에 일주일, 4, 5일 전에 제가 미용실 끝나고 딱 들어왔는데, 아, 미용실이 아니구나, 그때는 애들 아빠 가게, 칼[국]국수 가게를 하고 있었는데, 그때 집에 들어왔는데 〈타이타닉〉을 보고 있는 거야.

면담자　　　영화 〈타이타닉〉을?

태민 엄마　　어, 어, 그것도 배 사고잖아요. 그걸 보고 있으면서, 그걸 영화를 되돌려 볼 수 있는 걸로, 그걸로 보고 있더라구요. 그래 가지고 "그걸 왜 보니?" 그랬어요. 그거 보고 있으면서 하는 얘기가, 제가 그랬어요, "저렇게 사고 나면은 배에서 나와야 돼, 나와야 되고, 소리를 질러야 되고" 그런 얘기를 해줬어요, 해주기는…. 근데 사실은 거기서 사고 났을 때 그렇게 조치를 안 했잖아. 조치 자체도 안 하고, 아예 애들 배에서 계속 있으라고 그냥 얘기만 했었잖아요. 근데 '그걸 왜 보고 있었을까?'라는 생각을 되게 많이, 지금 와서는 되게 많이 들어….

면담자　　　혹시 이 〈타이타닉〉과 관련된 일이 언제쯤 떠오르셨어요? 사고 나고 나서 바로 생각이 드셨나요?

태민 엄마　　　바로 났어요. '왜 그걸 보고 있었을까?'라는 그런 생각 들 있죠. 뭐 예시[예지]라나 그런 생각도 들고….

면담자　　　가기 전에는 그렇게 생각 안 하셨던 거죠?

태민 엄마　　　주의 깊게 생각은 안 했던 거죠. 근데 사고가 난 다음에 그런 생각이 들더라고. 그리고 아침에 애를 보내놓고…, "엄마 다녀오겠습니다" 하고 갔어요. 그리고 우리 애는 나가면 또 전화를 안 하는 스타일이야. 그리고 이제 저녁에 전화했는데 전화도 안 받더라고. 애가 휴대폰이 거의 교체할 때가 돼가지고 번호가 1번이 안 눌러진다는 거야, 번호가. 그래 가지고 그러면 "너 갔다 오면, 수학여행 갔다 오면 엄마가 바꿔줄게" 그렇게 얘기를 했었거든….

면담자　　　뭐 사달라거나 그런 거 없었어요, 옷이나?

태민 엄마　　　그런 거 전혀 없었어요. "내가 뭐 사줄게" 그러면은,

예를 들어서 "조금 비싼 거라도 사줄게" 그러면은 "아니야 엄마, 나 이거 됐어. 동생들 하나씩 더 사줘" 그럴 정도였으니까. 자기에 대한 뭐 그런 게 전혀 없었던 거 같아요.

면담자   용돈 같은 건 좀 주셨었어요?

태민 엄마   예. 필요하다 싶으면 주고 따로 특별하게 주지는 않고, 자기가 뭐 필요할 때 그럴 때 챙겨주고, 어디 나간다 그럴 때 주고 그런 식으로 줬죠.

면담자   수학여행 가기 전에도?

태민 엄마   저번에 그때 1학년 때, 고1 때 그런 얘기를 하더라고. 저기 애들 생일 때 되면 생일 카드를 쓰잖아요, 애들이 다 단체로.

면담자   롤링 페이퍼요?

태민 엄마   어, 페이퍼 그거 해가지고 쓰는데, 거기서 동아리에서 "어떤 누나가 썼다" 그러더라고. 썼는데 동아리에서도 써줬나 봐. "태민아 너는 이제", 걔가, 누나가 고등학교 2학년이고 지가 1학년 때였으니까, "너 다음에 회비 낼 때 잔돈으로 절대 갖고 오면 안 된다(웃음). 죽는다, 알았지?" 집에 있던 잔돈 모아놨던 거를 싹 해가지고 그걸 가지고 회비를 냈던 거야. 근데 몰랐던 거죠. 그런 일도 있더라고. 그니까 나한테 뭘 달라는 얘기를 잘 안 했던 애예요, 엄마한테 부담 줄까 봐.

면담자   동아리는 어떤 동아리를 했어요?

태민 엄마   지금 생각은 안 나는 거 같애. 생각은 안 나요, 무슨 동아리였는지. 1학년 때 동아리를 하고 2학년 때 거의 못 했던 거죠, 올라가자마자 사고가 그렇게 났으니까.

면담자   6반 친구들은 잘 모르는 상태이셨던 거죠? 학기 시작한 지 얼마 안 됐으니까….

태민 엄마   6반에 장환이라고 있어요. 장환이도 성원이랑 같이 초등학교부터 같이 계속 친구였던 애들[이에요].

면담자   친한 친구랑 같은 반이 된 친구가 있었네요?

태민 엄마   다른 애들도 많이 있어요. 왜냐면 단원중학교에서 고등학교로 올라가고, 그다음 거의 와동, 그 안에 화랑초등학교 해가지고 쭉 같이 연계해서 간 아이들이 되게 많아요. 제가 친하게 알고 있는 아이들 이외에도 많은 아이들이 있지. 근데 이제 얼굴만 아는 아이들이 되게 많았던 거 같아요. 왜냐하면 이제 제가 미용실을 하다 보니까 애들 데리고 와서 우루루 지나가면서 내가 그냥 보기만 하고, 남자아이들이다 보니까 "얘는 누구야, 엄마, 누구야 엄마" 소개를 안 시켜줘, 절대. 그리고 사진도 안 찍어, 사진 찍으라고 그러면 고개를 휙 돌리고 휙 돌리고. 집에 사진이 별로 없어요.

면담자   어머님도 학부모님들 중에서 친하게 지내신 분이나 태민이 친구 엄마들이나 아시는 분들은 많지 않으셨나요?

태민 엄마   없어요.

면담자   전혀 없으셨어요?

태민 엄마   학교를 안 갔으니까….

면담자　　　그쵸, 일을 하고 계셨으니까.

태민 엄마　　왜냐하면 아침에 9시 정도에 문을 열었으니까 학교생활을 전혀 할 수가 없었죠.

면담자　　　수학여행 간 날 밤에 출발했잖아요? 15일 오전에는 학교 수업을 그대로 하고.

태민 엄마　　그렇죠.

면담자　　　어떤 어머니들은 이상하다고 생각을 좀 하기도 하셨다던데, 태민이도 학교 가방이랑 여행 짐이랑 같이 갖고 나갔지요?

태민 엄마　　배낭을 메고.

면담자　　　같이 가지고 갔었던 거죠?

태민 엄마　　가방 안에 같이…, 오히려 고등학교 애들은 거의 보면 책을 안 갖고 다녀요.

면담자　　　사물함에다 넣고 다니니깐.

태민 엄마　　[사물함에다가] 거의 다 집어넣고, 빈 가방째 그냥 신발만 넣어가지고 다니는 애들이 거의 태반이었으니까. 얘도 마찬가지였거든요. 그러니까 그 학교 가방에다가 다 싸갖고 갔어요.

면담자　　　여행 준비물 같은 거를 다 챙겨서 나갔네요.

태민 엄마　　얘 같은 경우는 자기 사물, 자기 물건에 관해서는 정말 깔끔하게 치우는 아이야. 둘째 같은 경우는 다 널려놓는 스타일이거든요, 자기 몸만 딱 빠져나오고 고대로 있는 애. 근데 우리 태민이 같은 경우에는 자기 방 들어가면 정말 정돈이 잘돼 있어요. 그리고 예를 들어서 한 학기를 올라가면 그 전에 공부했던 거는 싹 정리를 해가지고 밖에다 딱 내놔요, "엄마, 이거 치워주면 돼". 그래서 걔가 썼던 거며 뭐며 이런 거는 남아 있는 게 없는 거야, 다 자기가 정리를 해버리니까. 그리고 그게 내가 정리를 못 해줬기 때문에 자기 스스로 다 했던 거야, 엄마가 자기까지 챙겨줄 여력이 없으니까….

면담자　쌓아놓거나 안 버렸으면 뭐라도 남아 있을 텐데….

태민 엄마　미안해요, 그러니까. [안 버리고 놔뒀으면] 걔 자료나 뭐라도 있을 텐데…. 자기가 한 학년 올라갈 때마다 자료를 다 자기가 스스로 정리를 하고 그랬으니까.

면담자　2학년 때는 학원은 안 다니고 있었어요? 그 요리학원 다닐 때는?

태민 엄마　예, 예.

면담자　왜 15일 날 저녁때 출항을 할지 안 할지를 의논을 했잖아요? 안개가 너무 많이 껴서 못 갈 수도 있다고 해서…. (태민 엄마 : 네, 네) 그래서 그때 보면 어떤 친구들은 연락을 한 친구들도 있던데요. (태민 엄마 : 그러니까) 태민이는 혹시 연락이 없었어요?

태민 엄마　사고 나고서야 알았던 거죠.

면담자　16일 아침 돼서 들으셨던 거세요?

태민 엄마　예, 16일 날 아침.

면담자   평소에는 그러면 직장에 나가시고, 집에서 이제 아이들 챙기고 살림하시는 거 이런 거 말고 취미생활 같은 건 있으셨어요?

태민 엄마   전혀 없었어요.

면담자   그런 거 별로 없으셨어요?

태민 엄마   네. 없었어요.

면담자   드라마를 좀 본다든지 그런 건 없으셨어요?

태민 엄마   제가 혼자만 있을 시간은 저녁밖에 없잖아요. 밤에 애들 다 자고 나서 그때 이제 드라마를 보고 뭐 한 2시나 그렇게 돼서 자고, 뭐 거의 11시까지는 집안일을 해야 되니까 그 잠깐의 시간 두세 시간 그게 제 시간이었던 거죠.

면담자   수면 시간은 되게 짧으셨죠?

태민 엄마   그리고 7시 정도 일어나서 애들 밥 챙겨줘야 되니까.

11
참사 소식을 듣고 진도로

면담자   수학여행 출발하고 나서 다음 날 아침에 소식을 어떤 식으로 접하셨는지요?

태민 엄마   그 당시에는 제가 미용실을 하고 있는 상황이었어요.

아니구나, 미용실이 아니라 애들 아빠 가게 하고 있을 때였으니까, 제가 아침에 깍두기를 담그려고 슈퍼 가가지고 이제 깍두기 [무]를 사서 차에 싣고 중간에 출발을 했어요. 깍두기 무를 싣고 출발을 했는데 전화가 온 거예요. 전화를 받았는데 이제 미용실 손님이었어요, 그분이. "혹시 아이, 큰애가 단원고 다닌다고 얘기하지 않았냐"고 그래요. 그래 가지고 "맞다"고, "지금 수학여행 갔다"고 그랬더니 한참 머뭇거리시는 거야. 그러더니 "지금 TV를 틀었는데 배가 사고가 났다"고, "침몰하고 있다고 그러는데 혹시 알고 있냐"고 그러는 거야. "언니 무슨 소리야, 그게" 그랬죠. 아닐 거라고, 아닐 거라고…. 그때부터 불안한 거야, 가슴이 콩닥콩닥 뛰고 그러면서. 이제 애들 아빠한테 전화를 했죠. 막 눈에서 눈물 나고…. 이상한 전화를 받았다고, 혹시 MBC 한번 틀어보라고, 배가 침몰했다는데, 수학여행 간 배가…. 저도 운전을 하면서 통화를 했어요. 가게가 거의 5분 거리밖에 안 되거든요.

면담자   차로 5분?

태민 엄마   예, 차로 5분 정도 거리. 갔더니 [TV로 봤을 때] 많이 기운 상태는 아니었어. 그 시간대는 살짝 이렇게 기운 상태였거든요. 그래 가지고 애들 아빠가 멍하니 그냥 쳐다보는 거야. "괜찮을 거야. 저렇게 큰 배가, 다 구조될 거[야]"라고, 괜찮다고 당연히 될 거라고 그때는 다 [그렇게] 알고 있었던 거죠. 그래 가지고 어떻게 말을 할 수가 없더라고, 그 배를 쳐다보고 있는데. "어떡해야 돼? 학교 가야 돼? 어디를 가야 되냐?"고 막 물었지, 애들 아빠한테 막 울면서. "왜 우냐"

고 나보러, 울 일 아니라고, "다 구조될 거니까 걱정하지 마라"고 그러면서, 그게 제가 전화받은 게 거의 한 45분 정도 됐던 거 같아요.

면담자　　　9시 45분?

태민 엄마　　　8시 45분.

면담자　　　그 지인분한테 전화를 받으셨던 게 8시 45분으로 기억하시는 거죠?

태민 엄마　　　예, 예. TV에 방송 기사가 뜨면서 바로 저한테 전화를 했던 거 같아요.

면담자　　　아까 아버지께 전화로 MBC를 보라고 말씀하셨는데 MBC는 왜, 평소에 MBC를 보세요?

태민 엄마　　　아니, 그분이 "MBC에서 나왔다"고(울음), "MBC에서 지금 배가 침몰하고 있으니까 보라"고, "TV 틀어서 보라"고 그래서 제가 애들 아빠한테 "MBC 틀어서 보라" 그랬어요.

면담자　　　그러면 5분쯤 후에 도착을 하셔서는 어떤 채널을 보셨어요?

태민 엄마　　　MBC만 틀어놓고 봤던 거죠. 다른 데 뭐 돌릴 저기도 없었고, 그거 보고 있다가, 잠깐 한 2, 3분이었던 거 같아요. "어떡해야 되냐"고, 애들 아빠한테, "빨리 어떻게 해, 좀 해"라고 막 그랬죠. 그러면서 "그러면 학교를 가보자" 그러고 바로 문을 닫고 학교에 왔던 거 같애. 그 시간이 한 55분, 55분에서 9시 정도 됐던 거 같애요. 그리고 가니까는 이제 기자들도 별로 없었어요, 그때는. 기자들도 별로 없었고, 학부모님들이 2학년 4반 교실에 한 몇 분이 계시더라고, 한 20명 정도. 막 난리 쳤죠, "이거 뭔 일이냐"고, "어떻게 된 거냐고, 애들 지금 구출하고 있는 거냐"고, 그렇게 소리 지르고 막 하니까 "강당으로 올라가면 TV를 틀어드릴 테니까 강당으로 올라가시라"고 그래 가지고 강당으로 올라가니까, 이제 부모님들 막 올라오고 기자들 올라오고…. 그때 그[런] 상황이었어요.

면담자　　그때 학교에서 대응하셨던 분들 혹시 기억나세요?

태민 엄마　　모르죠, 예. 얼굴도 모르는 거고, 그런 분들이 누군지.

면담자　　그러고 나서는 바로 6반 교실로 가셨나요?

태민 엄마　　6반에는 안 들어갔어요. 6반엔 안 들어가고 당시의 어떤 부모님이, 누구 부모님인지 전혀 모르죠, 그래 가지고 6반에 들어간 게 아니라 2학년 4반 부모님들이 몇 분 계셔가지고 거기서 조금 2, 3분 정도 있다가, 그러면은 "모두 전부 다 강당으로 올라가서서 거기서 TV를 틀어주고 영상을 보여드릴 테니까, 구조하는 장면 보여줄 테니까 그쪽으로다 올라오라"[고] 그래서 강당으로 올라갔던 거예요.

면담자　　그러면 강당에 올라가신 게 9시 5분이나 10분 이내?

태민 엄마　　네, 이내였던 거 같아요.

면담자　　그러면은 그때부터는 이제 앞에 통솔자가 있었어요?

태민 엄마　　우왕좌왕했던 거 같아요, 계속.

면담자　　계시는 부모님들도 우왕좌왕하시고 학교도 우왕좌왕

했던 거죠?

태민 엄마　응, 이런 얘기 저런 얘기 돌기 시작하고 막, 그러면서 "구조 다 됐다" 오보 뜨기 시작하고….

면담자　그 오보도 전부 거기서 보신 거죠?

태민 엄마　네, 강당에서.

면담자　그때도 화면이 MBC 화면이었어요?

태민 엄마　그러면서, 그때 기억 안 나요. 화면 나오면서 정말 박수치고 잘됐다고, 다행이라고 막 소리 지르고…. 그러면 '이제 애들 데리러 가면 되겠다'고 생각을 하고, 어떤 부모님들은 옷가지 가지러 가고 그랬거든. 근데 이제 어느 시간이 어느 정도 지난 다음에 오보라고 떴잖아요, 다시….

면담자　어머니는 일찍 학교에 도착하신 편이시죠?

태민 엄마　저는 일찍 간 편이죠.

면담자　아버님이랑 계속 같이 계셨어요?

태민 엄마　같이 계속 같이 있다가 이제 그게 오보라고 발표되면서 "차를 대절을 해줄 테니까 같이 내려가자" 그런 게 거의 11시 정도 됐던 거 같아요, 11시. 그래 가지고 다른 부모님들, 개인적으로 바로 가신 분들도 계시고, "차를 대절했다" 그래 가지고 차를 타고, 그 기다리는 시간이 거의 뭐 1시간 정도를 기다렸던 거 같애, 그 운동장에서. 운동장 안에다 차를 받쳐놓고 차를 기다리는 동안, 이제 제일 첫차를 탔죠. 제일 앞에 있는 차를 탄 거 같아요. 타고 나서도 차가 출발을 바로 그 진도로 한 게 아니라 그 [안산]올림픽기념관 있죠, 거기서 거의 한 30분을 기다렸어요.

면담자   안산올림픽기념관이요?

태민 엄마   한 네 대, 네 대 정도가.

면담자   네, 계속 서 있었다고 들었어요.

태민 엄마   거기서 계속 "화장실 다녀오실 분들은 다녀오시라" 그러고, 또 뭐 경찰의 호위를 받아서 가야 된다고 경찰을 기다렸던 거 같아요, 그 앞에서 거의 한 30분을….

면담자   출발 지연 상황이 있었다고 하는 건 어머니가 경험하신 거죠? (태민 엄마: 그쵸) 그때 어떤 생각을 하셨어요? 왜 가지 않는지?

태민 엄마   그러니까 '왜 안 가지?'라는 어, 그런 생각도 많이 들었죠, 빨리 가야 되는데…. 그리고 그때는 막 그런 얘기가 되게 많이 있었어요, "아이들 구조를 해가지고 섬에다 데려다 놨다"고, 그래서 "옷가지랑 담요를 챙겨서 내려가야 된다"고, 그런 얘기가 되게 많이 있었거든요. 그래도 "오보가 나긴 났어도 구조는 하고 있는 상황이다, 다 구조될 수 있다"고 그런 얘기가 다….

면담자   그 순간에 어머니는 정보를 계속 접하고 계셨어요? 아니면 그냥 계셨는지….

태민 엄마   인터넷밖에 없었어요.

면담자　　　계속 인터넷은 보셨어요?

태민 엄마　　어, 인터넷 [뉴스] 들어오는 거, TV 방송되는 거, 그런 거밖에 못 봤죠, 다들.

면담자　　　아버님이랑 같이?

태민 엄마　　네, 아빠랑 같이 앉아서.

면담자　　　안산에서 진도로 내려갔잖아요. 시간이 오래 걸렸는데 그사이에는 혹시 특별히 기억이 나시는 게 있으세요?

태민 엄마　　한 중간 정도 내려갔을 때 어느 분이 상황실이랑 통화를 했대요, 같은 1호 차를 타고 계신 분이…. 한, 40, 40명 가까이 [1호 차에] 탔던 거 같애. 그분이 어떤 엄만지는 정신이 하나도 없는 상황에서 누군지 모르죠. 근데 통화를 해서 자기 아이 이름 부르면서 "거기 명단에 있냐?" 물어봤어요. "명단에 있다"는 거야. 거기 탄 부모님들을 한 20명 정도를 다 바꿔줬어. 그래 가지고 저도 이제 그분 전화를 받아서 물어봤어요. 2학년 6반에 이태민[이] 명단에 있냐고 확인 좀 해달라고 그랬더니 "있습니다" 그랬어. "있으니까 걱정하지 말고 내려오십시오" 그래 가지고 또 혹시 잘못 들었을까 봐 다시 또 물어봤어. 그랬더니 거기서 성질을 내는 거야, "왜 자꾸 물어보냐"고 지금 바빠 죽겠는데. 어, "명단에 있습니다"라고 한 거야, 그래서 "명단에 있대, 자기야. 명단에 있대" [하고 좋아했죠]. 얼마나 다행이야, 그래도 명단에 있다니까…. 오보가 났어도 구조가 잘 안 되고 있어도 그래도 명단에 있다 그러니까는 100프로는 믿지 않아도 80프로는 '내 아이가 살아 있구나'라는 생각을 하고 조금 안심을 하고 내려갔어요 사실은, 그 내려가는 5시간, 6시간 정도 될 동안.

면담자   '가서 만난다'라고만 생각하신 거죠?

태민 엄마   응. 그래서 가면서도 옷을 안 갖고 갔는데, 담요 아무것도 안 챙기고 그냥 맨몸으로 갔거든요. '내가 입고 있는 거 벗어서 싸서 데리고 오면 되지' [하고 갔는데] 근데…….

12
진도체육관에서의 경험

면담자   저녁에 도착하셨죠, 진도에?

태민 엄마   거의 한 5시, 5시 정도 됐던 거 같애요.

면담자   [진도]체육관으로 가서 내릴 때 "애들이 없다"는 걸 들으시고 어떤 분들은 바로 팽목항으로 출발하신 분들도 계시다고 들었어요.

태민 엄마   근데 거기서 바로 출발 안 했어요.

면담자   아, 그래요?

태민 엄마   저희가 그니까 5시 정도에 도착을 해서 내렸잖아요. 내렸는데 체육관[에] 뭐 쳐져 있고 하더라구요. 그래 가지고 들어갔는데 중간중간에 애들이 몇 명만 있는 거야, 교복 입고 사복 입고 젖어가지고 담요 쓰고. 근데 그 많은 아이들이 구조가 됐다고 그러면 많이 있어야 되잖아요. 근데 많이 없고 정말 중간중간에 몇 명씩만 앉아 있는 거야. 그래 가지고 "아이들 다 어디 갔냐?"고, "구조자 명단 어디 있냐?"고 막 소리 지르고 그러니까는 안내를 해주시더라고. 저기 명단 붙어 있으니까 가서 확인하시라고 그래서 봤는데, 이 명단도 안 많아, 몇 명 안 되는 거야. 그래 가지고 끝에서부터 훑어봤어요. 근데 태민이라는 이름[이] 있는데 성이 틀려요, 학생란이 아니라 일반인란에 있는 거야. "이거 이름 잘못된 거 아니냐?"고, "왜 여기 태민이는 있는데 다른 일반인에 있냐?"고, "학생 아니냐?"고 물어봤더니 "학생 아니고 일반인"이라고. 그때부터 이제 알았던 거지…. 계속 둘러봤는데 없는 거야, 이름이. "분명히 명단에 있다 그랬는데 왜 명단에 없냐?"고 부모님들이 다 항의하고 그랬죠. "지금 아이들이 섬에", 그 당시에도 그랬어, "섬에 있어서 지금 데리고 올라고 하고 있다, 그러니까 조금만 기다리시라" 그런 얘기를 계속했었거든요, 그 안에서도.

면담자   그 얘기는 이제 주변에 다른 어머니들한테 들으셨어요? 아니면 앞에서 방송하는 걸 직접 들으셨어요?

태민 엄마   방송 말고 중간중간에 안내하시는 그런 분들이 얘기를 하시더라구요, "섬에서 지금 현재 아직까지도 구조를 하고 있으니까 좀 더 기다려보시라"고. 또 이제 섬에서 데리고 오는 아이들도 있고 하니까, 그런 얘기도 있고 그래 가지고 그러면은 그 섬이랑 가장 가까운, 배가 사고 난 장소로, 가장 가까운 데로 가자고 부모님들이 막 웅성웅성했어요. 그래 가지고 그러면 조금만 기다리시면 가겠다고 그래서 거기서 한 20분가량을 있었던 거 같애.

면담자   체육관에 계시다가 이제 팽목으로 출발한 거죠?

태민 엄마   그러고 이제 차가 다시 팽목으로 갔던 거죠.

면담자   그 당시에도 상황실의 사람과 어머니, 아버지들을 구분할 수 있는 조끼를 입은 사람들이 있었나요?

태민 엄마   없었어요, 거의 없었어요.

면담자   그러면 어머니는 팽목으로 가셨어요?

태민 엄마   예. 타고 왔던 버스 그대로 타고 팽목[으로] 갔는데, 그때가 거의 어둑어둑해질 때죠, 6시 조금 넘었을 때니까.

면담자   아버님이랑 같이 가셨어요?

태민 엄마   예, 계속 같이 움직였으니까. 거기 명단에 없는 거 알고, 이제 배 사고 난 가장 가까운 데로 가자 그래서…, 우리는 팽목 가면 배가 보일 줄 알았어요. 안 보이더라고….

면담자   16일 밤에서부터 아이가 돌아오고 온 다음에 그 이후에 장례 절차라든가 아니면 16일 이후 활동이나 이런 부분을 주로 2차에서 다루거든요. 그 과정에서 태민이에 대한 기억을 함께 나눌 수 있을 겁니다. 오늘 여러 가지 이야기해 주시느라 고생 많으셨습니다. 감사합니다.

태민 엄마   네, 감사합니다.

2회차

2018년 1월 9일

1
시작 인사말

면담자   본 구술증언은 4·16 사건에 대한 참여자들의 경험과 기억을 기록으로 남김으로써 이후 진상 규명 및 역사 기술에 기여하고자 합니다. 지금부터 문연옥 씨의 증언을 시작하겠습니다. 오늘은 2018년 1월 9일이며, 장소는 안산시 단원구 정부합동분향소 내 '기억과 약속의 방'입니다. 면담자는 장미현이며, 촬영자는 강재성입니다.

2
팽목항에서의 경험

면담자   지난번에 버스를 타고 진도체육관에 내려오실 때까지 말씀을 들었는데요, 그다음에 이제 진도체육관에 들어오신 다음에 사실 경황이 없었잖아요. (태민 엄마 : 그렇죠) 거기서 팽목항으로 옮기신 직후의 상황에 대해서 현재 기억하고 있는 대로 이야길 들었으면 좋겠습니다.

태민 엄마   이제 체육관에 딱 갔는데, 체육관에 갔을 때는 이제 명단도 없고 아이들도 많이 없어서 그럼 가장 배에 가까운 데라도 갈 수 있게끔 해달라고 하니까, 한 30분 정도를 기다렸던 거 같아요. 거기 이제 체육관에 도착했을 때가 거의 5시 정도 다 됐을 때고, 그니까 그 당시에는 거리가 얼마나 정도 되는지 감이 없죠. 근데 몇 번

다니다 보니까 거의 1시간 정도[30분 정도]가 걸리더라구요, 팽목까지 들어가는 데가 체육관에서. 그래서 이제 그렇게 해서 갔는데, 그때가 아마 한 6시 거의 다 됐겠죠, 6시가 좀 넘던지. 여름[봄]이다 보니까 그때가 그래도 해가 좀 길어서 지금 현재처럼 깜깜하진 않았어요. 가니까 뭐 텐트, 그니까 몽골 텐트 몇 개, 한 두세 갠가 쳐져 있고, 이제 소방관 옷, 빨간 옷 그런 것을 입고 계신 분들이 한 10명 정도 계셨던 거 같애. 기자들 몇 분 계시고, 기자들도 사실 많지 않았죠, 그 당시에는. 사고 나고 얼마 안 됐으니까 보호 장비 이런 거에 대해서는 전혀 없었던 거고.

　　내려가니까 그 대표자라는 사람이 소방관에, 소방서에서 무슨 일을 하시는 대표자래, [그렇게] 말씀을 하시더라구요. 그러면 "우리 아이들이 사고 난 지역이 어디냐?"[고 물었죠]. 거기 갔을 때는 당연히 우리는 배가 보일 거라고 생각을 했어요. 근데 배가 지금 생각하면 거의 1시간 정도 달려서 [배를 타고] 들어가야지만 보일 수 있는 곳이었던 거죠. 예를 들어서 지금 만약에 예를 들어서, 우리가 지금 현재는 알고 있지만, 그 당시에 보면은 어디야, 섬 지금 어디죠?

면담자　　동거차도.

태민 엄마　　동거차도, 그 부근을 그 사람들은 [제일 가까운 곳임을] 알고 있었다는 얘기죠. 사고 났을 때 KBS 기자든 들어갔던 사람이 있었다는 거야. 거기서 촬영을 하고 했었대요.

면담자　　4월 16일 저녁때에요?

태민 엄마　　그니까 고 때쯤에…. 그러면 우리가 볼 수 있게끔 팽목항이 아니라 정말 거기까지, 동거차도까지 갔어야 되는 게 맞는 거야. 근데 우리는 그걸 몰랐던 거지. 지금에 와서는 그러니까 거기에 고립돼 있었던 거야, 우리도 사실은. 그때 사고 나고 우왕좌왕했던 거죠, 되게 많이. "대표자 누구냐?", "왜 구하지 않느냐?" 그런 얘기서부터 "배 들어갈 수 있게 해달라" 그런 얘기 막 하다가, 사실은 저는 몰랐어요, 배가 들어갔다는 얘기는. 어선을 빌려가지고 그 해경한테 요청을 해서, 요청을 했는데 배를 구해주지 않으니까….

면담자　　　부모님들이 직접 배를 구하셨죠?

태민 엄마　　"아빠들이 직접 어선을 구해서 들어갔다"고 말씀을 하시더라구. 그리고 그때 또 15일 날 밤이었나 [아니], 16일 날 밤이었죠, 그때도 그리고 비가 좀 많이 왔어요, 보슬보슬. 담요 쓰고 되게 추웠고, 그래 가지고 이제 상황실에 막 정말 피난처처럼 그렇게 붙어가지고 울고 막 그랬죠. 그랬던 기억이 있어요.

면담자　　　그때 그러면은 주로 아버님이랑 같이 계셨어요?

태민 엄마　　둘이만 내려갔으니까요. 그때 이제 사고 나면서 이제 그 사고 소식을 듣고 저희 [단원고] 체육관에 갔었잖아요? 체육관에 거의 12시까지 있는데, 한 11시쯤에 [시]아버님이, 일부러 전화를 안 했어요, 시댁에다가. 아버님이 [소식을] 듣고 전화를 하신 거야. "태민이 단원고 다니지 않냐?"고 얘기를 하시는데, "맞다"고 "수학여행 갔다"고 그랬더니 우시면서…(울음). "아버님 올라오셔서 애들 좀 봐달라"고, "어떻게 될지 모르니까 와서 애들 좀 챙겨주세요" 그러고 내려갔다 왔던 거죠. 그리고 나서 3일 정도까지 [구조가] 안 되니까,

그럼 애들을 당진으로 데려가겠다고 그래서 한 달 동안 [애들이 당진에] 있었던 거 같아요.

면담자　　당진에 있었어요, 동생들이요?

태민 엄마　　네. 그렇게 되고 저는 금방 올 줄 알았어요, 정말 구해서. 애만 데리고 오면 될 거리고 생각했는데(울음).

면담자　　16일 저녁을 그러면 거기 팽목항에서 지내신 거죠? (태민 엄마 : 네) 일단 그 자리에서 어머니도 뭔가 이렇게 책임자를 찾거나 아니면 주변 사람들한테 정보를 얻거나 기자한테 뭔가 말을 걸거나 이런 것들 하셨어요?

태민 엄마　　아니 그런 건 안 했구요. 자꾸만 시간이 길어지고, 막 이런 소리 저런 소리, "어디에서 누가 살아 있는데 왜 구하지 않느냐", "누가 살아 있다"고 그런 얘기 막 돌고 그리고 17일 날 아침에 배를 타고, 이제 해경 배를 해서 두 번째로 들어가게 됐어요. 애들 아빠는 자기는 "못 들어가겠다"[고 해서] 저 혼자만 들어갔다 왔는데, 배가 거의 끝만 보일 정도….

면담자　　어머니만? 그게 17일 오전이셨죠?

태민 엄마　　예, 오전 9시? 시간은 제가 확실하게 기억은 안 나요. 오전 중에 들어갔는데 배 윗머리만 딱 보이더라고.

면담자　　일부 부모님들이 "해경의 배를 타고 배 근처까지 가자"라고 얘기가 된 거잖아요? (태민 엄마 : 예, 그렇죠) 그때 아버님처럼 "가지 않겠다"고 하신 부모님도 계셨을 거 같아요.

태민 엄마   "차마 못 보겠다"고…. 그리고 그때 직감들을 거의 남자분들은 거의 했대요, '더 이상 희망이 없겠구나'라는 생각들. 근데 끈이라도 잡고 싶은 마음에(울음). 지금에서 얘기를 들어보면 아버님들이 그런 생각을 얘기들을 많이 하세요, "이미 15일[16일] 저녁 지나면서 배가 완전히 가라앉았을 때는 그때는 희망이 없다", 근데 부모들은 그런 생각을 못 [하잖아요, 희망을] 버릴 수가 없잖아요. 사실 저는 일주일 지났는데도, 막 헬기가 앞에서 떠갖고 오는데 그 위에서…(울음). 우리 아들이 내려올 거 같은 그런 생각까지 계속했었거든요. 정말 버릴 수가 없더라고, '어디선가 끝까지 살아 있겠지'라는 생각…….

면담자   17일에 배를 타고 가셨을 때, 주로 어머니들이 많이 가셨어요, 아버님들보다?

태민 엄마   거의 대부분 같이 엄마, 아빠들이 같이 가셨던 거 같애요, 거의.

면담자   배를 타고 가서 보신 다음에 팽목으로 다시 돌아오셔서는 이제 어떤 변화가 있으셨는지?

태민 엄마   변화보다도, 뉴스에서도 보면 "몇백 명이 투입을 해서 했다" 그거 다 거짓말이었고, 사실은 "밤에도 뭐 불꽃을 해서 띄운다" 그런 건 전혀 없었어, 사실은. 진짜 거기서 봤을 때 불을 띄우는 그런 모습들이랑 다 있었거든요[없었거든요]. 그런 것도 없었고, 또 이제 나중에는 어떤 방법을 써도 이 사람들이 들어주지를 않으니까, 저희 같은 경우는 상황실에 있다가, 16일 날 돼가지고 상황 저기[가족대기소가 꾸려졌어요.

면담자　　　17일이요?

태민 엄마　　　예, 17일 날 아침에. 그래 가지고 17일 날 상황실에 있다가, "그러면 장소를, 여기 계신 분들은 그 옆에 컨테이너로 옮겨달라" 그래 가지고. 컨테이너 안쪽으로 옮기고 그때부터 이제 몽골 텐트가 많이 지어졌던 거죠.

면담자　　　네, 구호 장비 들어오고….

태민 엄마　　　구호 장비며 먹을 거, 먹을 거까지 들어오기 시작하고, 저는 3, 4일 정도는 거의 못 먹고 물만 마시다시피 하고. 그때도 트라우마가 되게 심했던 게, 물을 쳐다볼 수가 없었어요. 대야에 물이 담겨 있는 그걸 보면 '물속에서 얼마나 힘들었을까'라는 그런 생각들 때문에 물을 쳐다볼 수가 없었거든요. 그리고 한 이틀인가 삼일 정도 돼서도 이 사람들이 구하지도 않고 아무것도 안 하니까, 이제 아버님들이 "어머님들 나오셔서 무릎이라도 꿇고 제발 좀 빌어달라"고 그래 가지고 팽목에 있던 부모님들은 다 나와가지고 그 상황실 앞에서 무릎 꿇고 "제발 좀 구해달라고, 잘못했다"고 막 그러고, 그랬던 거 같아요(울음).

　　그리고 또 그 일이 있고 나서 저녁에 "이제 대통령이라도 만나러 간다"고 그게 그랬던 거 같아요, 그래서 걸었던 기억. 저는 이제 컨테이너 안에 있다 보니까 맨 처음에는 사실은 가자는 얘기가 없었어요. "차를 대절을 해서, 차 세 대를 대절을 해서, 관광버스 대절을 해서 타고 가겠다"고 얘기를 했는데 차를 못 들어오게 한 거야. 경찰들이 막아서 걸어서 직접 체육관으로 가게 됐던 거죠. 그게 이제 전달 사항이 제대로 안 되다 보니까 일부는 가고 일부는 거기 남아 있고 그런 상황이었던 거 같애. 저는 이제 그 얘기를 못 듣고 그냥 있었던 거죠, 팽목에.

그래서 5월 3일까지 있었던 거 같애요, 팽목에. 근데 이제 거기 있다 보니까는 이런 상황, 저런 상황 자꾸 생기다 보니까는, 어떤 부모님들은 "집에 가서 아이 집에 밥을 해놓고 불 켜놓고 오니까는 다음 날 [아이가] 올라왔다"는 얘기도 있고, 여러 소문이 돌았으니까. 또 어떤 엄마는 "씻고 예쁘게 화장하고 있었는데[있었더니] 또 애가 왔다", 별 얘기가 다 많았어. 그래 가지고 저도 애가 너무 안 나오니까, 5월 2일 날, 그니까 2일 [아니] 1일이구나, 5월 1일쯤에 [안산] 올라와 가지고 청소해 놓고 밥해놓고 불 켜놓고 그러고 [팽목으로] 내려왔어요. 그리고 5월 2일, 그다음 날에 올라왔던 거 같애, 애기가. 근데 5월 3일 날 올라왔는데 이제 느낌이라는 게 있잖아요.

면담자   네, 그런 얘기 하시더라구요.

3
태민이가 돌아왔을 때

태민 엄마   애가 하의가 없고 팬티만 입고 이제 위에 특색이 좀 있었는데, 위에 티를 그니까 나시 티를 집에서 입던 거를, 평범하게 입던 거를 입고 간 거야. 그렇다고 얘가 특별하게 점이 있다든가 이

빨을 새로 했다든가 그런 특색이 전혀 없었거든요. 근데 티를 입었는데, 그 영어가 있는데 그 영어가 눈에 탁 띄는 거예요. 그래 가지고 맞나 확실하게 모르겠는 거야. 그래 가지고 "긴 거 같으다", "234번이 맞는 거 같다" 그래 가지고 얘기를 했더니, 지금은 애들이 너무 많이 상해가지고 시신은 보여줄 수 없고, DNA가 확실하게 나오면 그때 보시라고 얘기했는데, 다음 날 보니까 이제 전화가 온 거죠. 그게 번호가, 확인이 되면 그 번호가 떨어져요. 떨어지는데, 아침에 일어난 6시까지도 붙어 있더라고. 그래 가지고 9시에 전화를 받고 찾아오게 됐던 거죠.

면담자 　　　조금 늦게 돌아와서 마음이 초조하셨을 거 같아요.

태민 엄마 　　　되게 많이 힘들었어요….

면담자 　　　4월 23일, 24일 이때 굉장히 많이 올라왔다고….

태민 엄마 　　　그때 본 애들은, 부모님들이 거의 다 보고 만져보고 했죠. 근데 저는 못 보게 됐어요. 애들이 그때 초창기에 올라오면, 저는 올라온 애들을 하나도 안 봤어. 그냥 그 올라온 맨 처음에 팽목으로 올라왔잖아, 15일 저녁부터 해가지고 [아니], 16일, 17일 막, 3일, 3, 4일 전까지는 계속 그쪽으로 올라왔으니까. 근데 뛰어가기는 했어도 차마 볼 수가 없더라고. 뒤돌아서 있고, 애들 아빠가 다 일일이 확인하고 그랬던 거 같애. 여자애들은 그냥 확인 안 하고 남자애들이라 그러면은 일일이 다 확인하고 했어요. 그래 가지고 애들 아빠도 되게 많이 힘들어했어요.

면담자   이제 먼저 돌아온 친구들 부모님들은 올라가시잖아요. 그때 어떤 심정이셨어요?

태민 엄마   이제 올라가면 사실은 그 당시에는 부러운 마음이 되게 많이 [있었지요]. 초창기 일주일까지는 그랬어요. 난 '제발 우리 아이가 안 나왔으면 좋겠다'고, '빨리 안 나왔으면 좋겠다'고, '어딘가에 살아 있을 거니까, 어딘가에 살아 있을 거니까 나오지 마라'. [그런데] 한 3, 4일, 한 4, 5일 정도 지나니까 불안한 거예요, 애가 유실이라도 됐을까 봐. 그래 가지고 그다음부터는 [아이 찾은 부모들께] "잘됐다"고, 뭐 이런 얘기해 주고 그렇게 해주고. 그다음에 저희 6반 같은 경우는 특히 배가 반대편으로, 문이 반대편으로 치웠던 거예요. 좌현으로 기울다 보니까, 중앙 방이었거든요. 그러면서 문이 침대 같은 이런 걸로 막아가지고 그 문을 뚫고 갈 수가 없었던 거지. 그렇다 보니까는 방 호실이 6호실 다섯 개, 다섯 개의 방이 있었는데, 제일 마지막 방만 [수색하면서] 한 번 뚫었대요. 뚫긴 뚫었는데 들어갔는데 그 방에서 두 명인가 세 명 정도를 찾아냈다는 거야.

그러고 나서 6반 그쪽은 들어갈 수 없으니까, 1차 수색을 끝내겠다고 얘기를 했어요. 저희 반에 지금 순범 엄마가, 권순범 엄마가 조금 성격이 강해요. 강하다 보니까 난리를 쳤던 거죠, 상황실에다가 들고 엎고. "왜 6반 라인은 들어가지도 않고 1차 수색을 끝내느냐" 그래 가지고, 그 당시가 5월 달, 거의 4월 달 마지막 주였어요. 그래 가지고 "그러면은 6반 라인을 한 번 더 들어가겠다" [하고] 들어갔던 방에 다시 들어갔는데 그 방에서 발견이 된 거예요, 우리 애가. 그니까 수색을 한 번 했는데도 그 방에서 여섯 명의 아이들이 나왔어요.

그때 우리 애가 나왔던 거죠. 그래 가지고 6반 라인에서 그래도 그 당시에 4월 말에서 5월 초, 그때 애들이 많이 나왔어요. 그 얘기 안 했으면 더 늦게 발견이 됐다는 거죠.

면담자   태민이도 다른 친구들이랑 같이 돌아왔어요?

태민 엄마   에, 방에 같이 있었어요.

4
해군기지 철근 수송과 사고 연관에 대한 확신

면담자   5월 초에 안산으로 돌아왔으니, 전에 있었던 DNA 검사의 문제라든가 아니면 안산으로 돌아온 과정이라든가 이런 것들에 대해서도 좀 부모님들 내에서 정부에 대한 불만 같은 것들도 가지고 계셨잖아요? 어머니는 혹시 그것과 관련해서 어떤 기억이 있으신지….

태민 엄마   장례 치르는 문제도 사실은…, 그렇게 초창기에 올라오신 분들 얘기가 그런 얘기가 많이 있었죠, 맨 처음에. "합동 분향을 할 거"라고 얘기를 해서 "장례를 안 치르고 있을 거다" 해서…, 냉동 공간이나 이런 공간도 처음부터 만들어진 게 아니야. 애들이 막 올라오기 시작하면 바로 그렇게 할 수 있게끔 만들어졌어야 되는데, 우리가 요구를 하고 뭘 얘길 했을 때만 항상 후처리로 진행이 됐던 거죠. 그게 냉동 저기도 된 게 거의 15일 이상 지나서 그렇게 됐던 거 같애요.

그리고 애들이 이제 올라와, 안산에 올라와서 장례 치르는 과정에서도 이제 애들을 어디로 보낼 거냐, 맨 처음에 올림픽기념관 거기다가 안치를 했다가 아이들이 다 올라오면 어떻게 하겠다는 식으로 그렇게 해서, 장소가 되게 많이 바뀌었던 거 같애요, 정신이 하나도 없었던 거지 뭐. 지금 생각하면 위에서 어떤 지시도 없었고 아무것도 없었기 때문에 이렇게 됐던 거 같애요.

　　처음 구조하는 단계서부터 마찬가지, 모든 걸 남 탓을 했던 거지, '내 일 아니니까 당신들이 하시오' [하는 식이었던 거 같애요]. 어떤 뭐 컨트롤타워를 누군가를 딱 지정을 해서 이 사람한테 모든 지시를 내리게끔 해줬어야 되는데 그게 안 됐던 거죠. 그게 일차적인 문제라고 생각을 해요. 예를 들어서 "해경이 책임을 지고 당신들이 구하세요" 했으면 나중에 예를 들어서 구하지 않아도, 구하다가 못 구했다든가 이런 책임이 있었으면, 예를 들어서 그만큼 열심히 했을 거야, 어떤 책임이 주어졌다면. 근데 그게 없었던 거지. "내 일 아니고 당신이, 해군 측에서 당신이 알아서 하십시오", "해경 측에서 알아서 하십시오" 그런 책임 회피가 되게 많았다고 생각을 해요. 지금 와서는 '그렇기 때문에 이렇게 되지 않았을까'라는 생각들…. 한편으로는 또 이제 무리하게 출발을 했던 거죠. 근데 저는 지금 와서 생각하면 그 철[근], 해경, 해군기지…, 그게 가장 크다고 생각, 지금 와서는.

면담자　　제주도에 빨리 가야 했던 사정이요?

태민 엄마　　'철근 싣고 가야 했던 그런 사정이 있었지 않았을까'라는 그게 저는 가장 크다고 생각을 해요. 그러면서 구했으면 되는 건데 구하지 않았기 때문에 이게 더 커졌던 거지.

면담자   덮으려고 하면서 사건이 더 커졌다?

태민 엄마   응, 응, 덮으려고 하는 과정에서…. 근데 구하면서 이런 일이 사건이 벌어졌으면 또 다른 일이 됐을 수도 있어요. 근데 구하지를 않았잖아. 거기 그리고 [선내] 방송 자체도 대기만 하라는 얘기만 계속 나오고, 탈출하라는 얘기는 [없었잖아요]. 어떻게 그렇게 할 수 있냐는 거지, 급박한 상황에서 탈출을 하라고 얘기를 했어야 됐는데 얘기를 안 했잖아요. 그니까 그게 가장 큰 문제예요, 사실은. 왜 그렇게 했을까…….

면담자   지금 어머니는 약간 의도를 가지고 진행이 됐을 거라고 보시는 거죠? 예를 들면 위에서 무리한 철근 수송이 문제가 되니깐 이걸 덮기 위해서 뭔가를 계속했다?

태민 엄마   저는, 저는 그렇게 생각을 해요.

면담자   그런 생각을 이제 주변 분들하고 얘기를 하시면서 가지게 되신 거세요?

태민 엄마   예, 그렇죠. 그리고 뉴스나 통해서 보면서 '이거 땜에 그랬구나'라는 생각들[이] 더 강해지는 거 같아요. 맨 처음에서야 정말 뭐 "거기서 미군 측이 연습을 하고 있었다" 그런 얘기 나오면서 이제 '부딪혀서 그랬을 거다'는 생각도 맨 처음에는 강했어요. 근데 배가 올라오면서, 올라오고 나서 생각이 바뀐 거죠, 긁힌 자국이 없으니까….

면담자　　인양이 된 다음에 생각이 바뀌신 거예요?

태민 엄마　　인양이 된 다음에 그런 생각이 좀 더 강해지는 거 같애.

면담자　　진상 규명에서 '배가 왜 침몰했을까'도 중요하지만, '왜 구조하지 않았을까'가 중요하잖아요. 근데 이제 어머니께서 봤을 때는 이게 전부 다 연관되어 있다고 보시는 거죠?

태민 엄마　　관련되어 있다고 봐. 관련되어 있어요, 제가 봐도 그래요. 누가 봐도 관련되어 있다고 생각할 거 같애.

5
태민이를 안산으로 데려와서

면담자　　태민이가 안산으로 왔잖아요. 온 다음에 장례 절차라든가, 이런 것들을 얘기해 주세요.

태민 엄마　　이제 저희 애가 5월 3일 날 올라와서 5월 4일 날 데리고 왔어요. 5월 4일 날 이제 DNA가 확인돼서 9시에 전화를 받고, 애들 아빠한테 "전화 왔다"고, "확인 좀 하라"고. 바로 옆에 있었죠. 있었는데 제가 전화를 받았으니까, 얘기를 하니까 그러면 여기서 짐 정리를 좀 하고 있으라고 올라가야 되니까 [하면서] "내가 확인하고 올게" [하더라고요]. 그리고 한 15분, 20분이 지나도 안 오는 거야. 거리가 거의 확인할 수 있는 [장소까지] 거리가 좀 됐어요, 한 5분에서 10분 정도 걸어가야지만 그 확인이 될 수 있으니까. [아빠가] 그 장소에 갔

85

2회차

는데, 저는 안 가고 기다리고 있으니까는 연락이 온 게 아니라, 연락도 안 오고 한참을 기다리는데 연락이 없으니까 불안한 거야. 그래가지고 제가 뛰어갔죠. 가니까 이제 119 차가 현관 밑에 내려오고 있더라고, 도로가로. 그래 가지고 뒤에서 누가 불러요. 보니까는 태민이 아빠더라고요, 이제 "벌써 안치했다"고, 올라와서 하는 얘기가 "너무 많이 상해서 그랬다"고. 거의 2년 정도 지난 다음에 저한테 얘기를 하더라구요, "애가 여기가 이렇게 찢어져 있었다"고, "이만큼"이(울음). 그러면서 이제 올라오면서 터진 건지 어쩐 건지 모르는데, 사고 났을 때 그렇게 상처가 났을 수도 있고, 배 안에서 있다 보니까….

면담자   예, 부딪혔을 수도 있죠.

태민 엄마   어, [수중에] 있다 보니까 피가 안 났던 거죠. "목 부분이 올라오면서 터져서 피가 끈끈하게 있었다"고, 그러다 보니 정말 많이 벗겨지고 그렇다 보니까 안 보는 게 낫겠다고 생각을 해서 먼저 [안치를] 했대요. 그 얘기를 한 2년 정도 지난 다음에 얘기를 하더라고. 그러면서 하는 얘기가 "자기는 마지막 모습을 봐서 너무너무 힘들대요", 술을 먹고 얘기를 하더라고(울음). 사진을 보면은 이뻤던 모습이 생각이 나는 게 아니라 그 모습[이] 먼저 생각이 나니까(울음), "그래서 힘들다"고, "그래서 안 보여줬다"고 그렇게 얘기를 하더라고. 그러고 나서 병원에 가서 염할 때도 저는 못 보고 이제 애들 아빠랑 할아버지만 봤어요. 병원에서도 "어머니 못 보게 하시라"고 [했고요].

면담자   그때 아버님이 태민이를 안 보여줘서 원망하지 않으셨어요?

태민 엄마   원망은 안 했는데…, 염하고 다 싸고 나서 그러고 애를 만졌죠. 그리고 이제 꿈이 요리사다 보니까 요리를 되게 좋아했어요. 그래 가지고 이제, 아이가 좋아했던 물건을 갖고 오시면 같이 태워주겠다고 얘기하서 가지고, 요리복 해가지고 같이 해서(울음).

면담자   동생들이나 친구들도 왔어요?

태민 엄마   음, 많이 왔어요. 그리고 제 친구들이 많이 와서 정말 힘이 많이 됐던 거 같애, 너무 고맙더라고. 그러고 나서도 지금도 제 친구들이랑 얘기도, 통화도 안 하고…. 사실은 못 해요, 못 하겠더라고. 걔네들은 저를 볼 때 안쓰러운 마음에, 아픈 마음에 자꾸 볼 거 아니에요. 그래서 그런 것도 들키기 싫고, 제 친구가 나를 봤을 때 어떤 이야기를 해야 될지도 모를 거 같고. 아직까지도 못 만나고 있어요, 그렇게 보내고 나서도….

면담자   6반 친구들 중에서는 생존 학생들이 얼마나 있어요?

태민 엄마   6반에서 이제 25명, 선생님까지 해서 25명이구요. 총 13명이 살아서 나왔어요. 남자 선생님 반이었는데 보니까 맨 초창기 때는 이제 있던 방 구조나 방 대표, 반·부반장 쓴 용지를 줬어요, "몇 호실에 애들이 있다, 방 구조가 이렇게 돼 있었다"고 그거를 받았는데, 나중에 이제 생존해서 나온 아이들을 체크를 하다 보니까 [생존한 애들 대부분이] 방, 다 대표를 맡고 있던 애들이야.

면담자   아, 방에서 대표를 맡았던 애들이 생존 학생들 중 많았어요?

태민 엄마   여행을 가면은 방 대표를 한 명씩을 뽑아놓잖아요. 그 대표 아이들이랑, 부반장, 반장, 부반장 애들. 그 나중에서 얘기를 들은 건데, 선생님이 그 아이들을 모아놓고 이야기를 하고 계셨던 거야, 전달 사항이나…. 아침에, 아침에.

면담자   그 친구들은 선생님이랑 같이 대피할 수 있었던 거예요?

태민 엄마   얘기를 하고 있다가 갑자기 사고가 나니까, 배가 기울기 시작하니까, 남자분이니까 아무래도 판단이 빠르잖아요, 여자분들보다. "먼저 나가라" 그래서 그 아이들은 살아서 나온 애들이 많아요. 그래서 대표 애들은 다 살아서 나왔더라고. 그니까 그렇게 해서 아이들이…, 저희 6반 같은 경우는 그래도 좀 많이 살아서 나왔어, 다른 반보다. 7반 같은 경우는 생존자가 한 명밖에 없잖아요. 7반이 바로 우리 앞 반이었거든. [6반] 앞의 방의 구조가, 좌현으로 이렇게 기울다 보니까, 그다음에 8반[은] 중앙 쪽으로 [있었고], 7반, 6반[은] 이렇게 [기우는 방향 쪽으로] 되어 있던 거야. 그러니까 7반이 거의 제일 자연으로 밑에였고 그다음에 6반이었던 거거든요. 그러니까 [6반이] 생존자가 더 많았던 거죠.

그리고 예를 들어서 정말 인천, 아니 광주, 광주에서 재판이 있었죠, 맨 처음에. 광주에서 재판을 하는데 판사가 하는 얘기가 좌현으로 완전히 기울기 전에 45도 각도, 45도 각도로 기울었을 때는 7반, 6반 라인이 가장 가까웠던 거죠. 배가 이렇게 갔을 때, 해경선이 이렇게 들어갔을 때 7반, 6반이 소리를 지르면 가장 크게, 가까이 보였을 거라는 얘기죠. 소리가 방까지 다 들렸을 거라고. 구조를 했으면 살아서 나왔을 건데, "이거는 살인이다"고 얘기를 했어요.

면담자　누가 그렇게 얘기한 걸 들으셨어요, 재판장에서?

태민 엄마　저는 직접은 [재판 참관을] 안 하고 판결…, 그때 왜냐면 저는 애들이 어리다 보니까 지방을 못 다녔어요, 초창기에는. 그렇다 보니까는 이제 거기서 얘기했던 게 "살인이라고 인정을 했다"고 얘기를 하시더라고 부모님들이. 그러니까 살인인 거야, 그거는. 그게 너무너무 억울한 거야, 정말. "충분하게 다 살릴 수 있는 시간적 여유도 됐다"라고 얘기를 하더라고요, 충분하게. 근데 뛰어내리라는 얘기만 했어도 그래도 절반 이상은 살았을 거라고 난 생각을 하거든요. 근데 대기하란 얘기…, 그게 제일 마음 아팠던 거죠.

면담자　어려운 문제일 수 있는데요. 선생님들 중에 생존한 분이 계시잖아요? 그런 게 마음을 힘들게 하거나 그렇진 않으셨어요?

태민 엄마　어, 글쎄… 저는 선생님들보다는, 두 분밖에, 사실은 두 분밖에 살아서 안 나오[셨고], 해경, 뭐야, 선장들 그 사람들이 제일 나쁘다고 생각을 해요. '무엇을 바라고 저렇게 애들을 놔두고 자기네들끼리만 나올 수 있었을까', 그 [침몰 당시] 담배 피고 술 마시고 하는 그 장면들 보면은 '어떻게 저럴 수 있지? 저 시간에 충분하게 아이들 구할 수 있었을 텐데. 자기네들 맥주 마시고 담배 피고 그러고 있었을까'라는 생각. 그 사람들이 제일 원망스러워요. 난 대통령보다 그 사람들이 더 원망스러워요, 정말 찢어서 죽이고 싶어.

면담자   정치인들보다요?

태민 엄마   그 사람들은 이차적인, 이차적인 문제야. 왜냐하면 배 안에 있지는 않았잖아요. 근데 일차적으로 선장 그 사람들이랑 직원들이 구할 수 있으면 충분히 구할 수 있었거든. 대피만 하라고 얘기만 하고 했으면, 자기네들이 조치만 빨리했으면 그 사람들이 살릴 수 있었단 말이야. 근데 자기네들 충분하게 나올 수 있는 시간을 벌면서도 아이들을 구하진 않았잖아. 그 사람 책임들이 제일 커요. 나는 그 사람들 다 죽여버리고 싶어. 우리 부모들이 그 생각을 다 갖고 있을 거야.

면담자   세월호 선원들이랑 그 선장, 이런 사람들 말씀하시는 거죠?

태민 엄마   예, 예. 그 배 안에 함께 머물렀던…. 자기들은 살아 있잖아. 감옥에 있어도 살아 있잖아.

면담자   예, 그렇죠. 5월 4일에 안산에 올라오셔서 장례를 마치고…, 태민이 지금 어디 있어요?

태민 엄마   저기 서호[추모공원]에요. 이제 장례 치르는 과정에서 공무원들이 한 분씩 배치가 됐어요. 그분이 이제 "아이 어디 쪽으로 보내주고 싶냐"고 물어보시길래 저는 이제 저기 뭐야 하늘공원 거기는 바깥이라 너무 추울 거 같아 가지고, 그래서 이제 깔끔하게 돼 있는 서호가 제일 낫더라고. [아이들을 한곳으로 모으는 게] 이렇게 길어질 줄 몰랐어요, 이렇게 길어질 줄 알았으면 하늘[공원]에다 데려다

놓는 건데.

면담자　　　　서호에 가실 때 친구들이 많이 와줬어요?

태민 엄마　　　친하게 지내던 애들이 있어요. 초등학교 같이 나오고, 중학교…, 이제 고등학교 가면서 조금 다른 분야로 빠진, 안산공고로 빠진 애들도 몇 명 있고, 그런 아이들이 이제 와서 [운구를] 들어줬죠. 얘기하니까 기꺼이 와서 해주더라고.

면담자　　　　요즘에도 연락하세요?

태민 엄마　　　걔네들이 좀 힘든가 보더라구요(울음). 저 보기가 미안한지 저만 보면 울고 그래서…. 가끔 한 번씩 생각나고 그립죠, 보고 싶고, 내 아들 같으니까. 지금도 아이들, 고등학교 애들 보면은 제 아이 생각나고 또 이제 20살 넘은 애들 보면 또…. 그때 애들 또 저렇게 슈트 같은 거 입고 [있는 거 보면] '저 정도 됐겠지'라는 생각들 되게 많이 나죠.

면담자　　　　어떤 부모님들은 사망신고를 하지 않고 계시잖아요? 그래서 신체검사하라고 병무청에서 연락 온다고….

태민 엄마　　　저는 안 왔어요, 다행히. 그게 왜냐하면 생일이 빨랐던 애들 있죠? 빨랐던 애들은 먼저 왔던 거야, 3월, 2월 막 이렇게 된 애들이. 먼저 공지가 들어가다 보니까 빨리 왔던 거고, 그러면서 조치를 취해서…, 저희 애는 8월생이니까 늦게, 그래서 저는 못 받았어요.

면담자　　　　예, 정부에서 조치를 취했겠네요.

태민 엄마　　　"신고한 부모님들도 계신다"고 하긴 하더라고요. 저는 아직 안 했고…. 평생 안 해도 된다 그러면 안 하고 싶어. 서류상으로[라]도 살아 있길 바래요. 줄이 가면은(울음) 못 볼 거, 힘들 거 같애요, 더. 뭘 [서류를] 띠[떼]도, 떼어도 줄이 가니까, 사망으로……

저희 애가 5월 7일 날 보냈잖아요, 4일 날 와서. 그리고 5월 8일 날 제 꿈에 나왔어요. 꿈에 여섯 명의 아이들이 그 중학교 앞에 거기서 식탁에다, 이렇게 식탁에 뭘 간식 같은 걸 사놓고 뭘 먹어. 허겁지겁 뭘 먹더라고 삐쩍 마른 애가 꿈에서. 이렇게 탱탱 불어 있는 거예요. 배, 물속에서 있었던 형상을 보여주는 거 같애. 교복을 입고 있더라고. 그래서 버스를 타고 가는 순간 내려서 제가 그 학교 앞에 슈퍼가 있어요, 조그만 간이 슈퍼 같은 거. 거기 들어가서 이제 한 짐 사갖고 양손 무겁게 사갖고 나왔는데, 아이가 중학교 앞에까지 걸어가고 있더라고. 중학교 가다 보면 약간 길이 휘어요. 거기까지 아이들이 걸어가길래, "태민아" 하고 부르니까 이만큼 와요. 제가 만질 수 없는 정도까지 오더니 나를 정면으로 쳐다본 게 아니라 옆으로 살짝 쳐다보면서(울음) 걔도 막 울고 나도 울고…. "미안하다"고, "엄마, 우리 엄마 나 없으면 안 되는데 어떡하지…. 나 때문에 울지마" 그러면서 이렇게 지 친구들 있는 데[로] 날아가. 가더니, 이렇게 영화 같은 데 보면 아이들 옷이 하얗게 변해 날아가잖아요, 그렇게 가더라니까요. 그래서 그다음 날 울지를 못했어요, 내가 가는 길 잡는 건 아닌가 싶어 가지고(울음). 너무 많이, 살면서 너무 많이 받았던 거 같아요. 의지를 너무 많이 했어요, 아들한테…. 그래서 힘들었던 거 같애. 힘들어서 꿈에 나왔던 거 같애. 못 떠나서……. 애를 보내면서 그게 제일 미안했던 거 같애요, 많이 못 해준 거. 못 해주고

받은 게 너무 많아서…….

면담자   8일 이후에도 꿈에 찾아온 적 있어요?

태민 엄마   중간중간에 많이 왔던 거 같아요. 요즘은 한 4년, 한 3년 지나면서부터 많이 안 보이고, 애기 때의 모습으로도 오고 [그래요]. 항상 꿈에 나타나면 먼저 안아주고, 제가 안아주기보다. 한번은 이제 병원에 있는 모습으로 꿈에 나왔는데, 꿈에서 이제 걔가 누워 있더라고. 그래 가지고 제가 살짝 안아줬어. 아플까 봐 살짝 안아주니까, "엄마 왜 그렇게 안아줘, 꽉 안아줘야지"(울음) 그러면서 꽉 안아주고…. 그런 모습들도 많이 꿨고, 항상 그런 모습이었던 거 같애, 꿈에서 나오면….

면담자   태민이가 이렇게 먼저 안아주고 말 걸어주고….

태민 엄마   응, 응. 말 걸어주고, 내가 말을 하는 것보다 아이가 먼저…. 애기 때의 모습도 많이 나오고…. 그리고 1년 후에 아버님이 돌아가셨어요. 안 그래도 심근경색이 있었는데, 저희 태민이를 애기 때부터 이렇게 같이 데리고 키웠거든요, 거의 1년 가까이를. 그러다 보니까 예뻐했고, 그리고 1년 지나서 돌아가신 거야, 갑자기. 심근경색이 일어나서 갑자기 돌아가셨거든요. 그게 우리 태민이가 5시, 5시 15분 그쯤에 태어났어요. 근데 저희 아버님이 사망 선고를 하시는데 5시 15분이었어요.

면담자   아, 진짜요, 오후 5시 15분이요?

태민 엄마   우리 태민이도 오후 5시 15분이었고…. 그래 가지고 절에 가서 아버님 영결식 하고 할 때, 절에서 모셨거든요. 그리고 태민이도 같이 그 절에서 같이 모시고 하고 했는데, 49재를 같이했는데 스님이 하시는 얘기가 "저승에 가서 나중에 후세에 다시 연결되기 위해서 그렇게 됐을 거"라고, "인연이 너무 깊어서 그런다"고 말씀을 하시더라고, "좋은 인연으로 태어났을 거"라고. 그래 가지고 또 이제 저희 아들내미 보낼 때 그 절에서 49새를 다 했어요.

그래 가지고 이제 그때 보내면서 첫 49재 할 때, 일주일 지나서 또 하잖아요, 그때 이제 태산목이라는 나무를 사서 그 절 뒤에다 심어놨거든요. 정말 가지가 저 청소기 정도 크기밖에 안 되는 얇은 나무였어. 근데 그 나무에서 목련이 핀 거예요, 그 목련과의 나무거든요, 그 태산목이라는 게. 목련이 세 개가 핀 거야, 1년도 안 된 상태에서. 세 달 정도, 서너 달 정도 사이에 폈던 거죠, 꽃이. 너무 신기하다면서 절의 스님이 사진을 찍어서 또 저한테 전송을 시켜주더라고요. 그래 가지고 그 나무도 지금 잘 살아 있어요. 그 나무를 보면은 또 이제 태민이인 거 같은 느낌 있죠.

면담자　　　그러시겠어요. 어머니, 서호에는 자주 가세요?

태민 엄마　　　요즘은 잘 못 가요. 초창기 1년 정도까지는 거의 한 달, 1, 2주에 몇 번씩 다녀오고 그랬는데 지금은 조금 뜸하죠. 생일이나, 두 달에 한 번 정도 그렇게 가는 거 같애.

〈비공개〉

6
국회와 광화문 농성

면담자   마음이 답답하거나 할 때는 어떻게 해소를 하세요?

태민 엄마   특별하게 해소하는 게 없는 거 같애. 그 해소가 저희 부모님들을 만나면서 이런저런 수다 떨고 그게 해소인 거 같애. 그 전에는 친구 만나서 쇼핑, 뭘 사기보다도 그냥 구경하고, 아니면은 그냥 저 나름대로 저녁 시간을 나 혼자 보내는 거, 그게 스트레스 푸는 방법이었거든. 근데 지금은 태민이 보내고 나서는 부모님들이 같은 아픔을 공유하고 있잖아요. 어떤 이야기를 해도 이해가 되고 그러니까 여기[공방과 4·16기억저장소] 나오는 게 스트레스 푸는 방법인 거 같애.

면담자   비슷한 삶의 문제들을 갖고 계시니까…. (태민 엄마 : 예, 그렇죠) 얘기하기가 훨씬 편할 거 같애요.

태민 엄마   우린 항상 평생을 같이 가야 될 사람들일 거 같애. 그래서 안산도 안 떠나고 평생 여기서 살아야지(웃음).

면담자   2014년 5월부터는 본격적으로 싸움이 시작이 됐잖아요. 저는 사실은 어머니가 공방 활동을 주로 하셨다고 하셔서 전면적으로 나서는 싸움에는 별로 참여를 안 하셨나 생각을 했었는데 아니군요. 2014년 5월부터 2015년 4월까지는 정말 치열하게 싸우는 시기였잖아요?

태민 엄마   그렇죠, 거의 1주기까지가….

면담자   2차 구술에서 유가족들의 다양한 투쟁 활동에 어머니가 어떻게 참여하셨나에 대해서 여쭤보려 하는데요, 지금 거의 3년 반 정도의 시간이 흘러서 기억이 잘 안 나실 수 있지만 최대한 기억나는 대로 말씀을 해주시면 좋겠습니다. 2014년 5월부터 주요 활동에 대해서 제가 하나씩 짚어가며 여쭈려고 하는데, 그중에서 참여를 하신 것들에 대해서 기억나는 대로 말씀해 주시면 될 거 같아요.

태민 엄마   [짚어주시면] 훨씬 더 편하죠. 왜냐면 지금은 기억이 왔다 갔다…, 이때 있었던 일인지 저때 있었던 일인지….

면담자   일단 [20]14년도 5월에 KBS 항의 방문과 청와대를 향한 도보 시위가 5월 8일에서 9일에 걸쳐서 있었는데…. (태민 엄마 : 맞아) 혹시 여기 참여를 하셨나요?

태민 엄마   요 때는 저희 아이 보내고 며칠 안 됐어요. 그래 가지고 막 영정 사진 다 들고 내려가고 그랬었거든. 근데 저는 참여를 못 했어요. [아이 떠나]보내고 어떻게 나가, 힘들어서….

면담자   5월 27일부터 29일 사이에는 국회에서 2박 3일 농성이 있었어요.

태민 엄마   그때 저는 참여했어요.

면담자   아, 이때 오셨어요?

태민 엄마   예, 계속 있지는 못하고. 왜냐하면 애들이 어리니까. (면담자 : 아침에 갔다가) 갔다가 저녁에 들어가고.

면담자   그때도 아버님이랑 같이 참여하셨어요?

태민 엄마   예, 애들 아빠랑 같이….

면담자   이때 기억나시는 점 있으세요, 활동이라던가? 초기부터 두 분이 같이 참여를 하셨던 거였는데, 이렇게 빨리 참여를 하시게 된 영향이나 계기 같은 게 있으셨는지요?

태민 엄마   억울했었죠. 억울해서 뭐라도 어떻게 해야 될 거 같고, 이 속에 화가 너무 많아서 이거를 분출해야 될 거 같아서, 어디가서라도 소리를 지르고 해야 될 거 같아서 그때부터 나오게 됐던 거 같애요. 근데 기억나는 거는 없어요, 솔직히 2박 3일 [동안에 대해서는]. 이때 국회에 들어간 게 처음이었나요? 한 번 또 있[었]을 건데, 국회 농성이?

면담자   7월부터는 아예 국회 본관 현관 앞에서 장기 농성을 했잖아요. 그 전에는 이때 국정조사 특위를 구성하라고 요구하는 농성이 한 번 있었어요. 그 이후 6월부터는 특별법 제정을 요구하는 선전전을 진행했죠.

태민 엄마   아, 요 때 전 없었어요. 참석 안 했었어요.

면담자   그럼 5월 말 2박 3일 농성 때가 아니라 7월 국회 장기 농성 때 참여하셨군요?

태민 엄마   뒤에 있는 국회 농성 들어갔을 때, 그때 천막 치고 했을 때 그때가 제가 들어갔던 때고, 이때는 제가 못 갔어요. 왜냐하면 저희가 원래 미용실을 했다 그랬잖아요. 미용실을 하다가 애들 아빠가 콩국수 가게를 차리다 보니까 제가 바로 그만두면서 이제 콩국수 장사를 했는데, 그게 딱 1년하고 이렇게 사고가 났던 거예요. 그러고 나서, 왜냐하면 월세는 계속 나가고 있는 입장이었으니까, 그때 월세가 80만 원 됐으니까 그게 부담이 되잖아요. 그래서 애들 아빠가 거의 한 2주 정도를 쉬고, 애 보내고 2주 정도를 쉬고 나서 "가게를 열어야 되겠다"[고 했어요].

면담자　　　5월 중순쯤에요?

태민 엄마　　왜냐하면 열어야지만 가게를 팔 수 있으니까.

면담자　　　정리할 수 있으니까요?

태민 엄마　　정리를 할 수 있고 다시 뺄 수도 있으니까. "그렇게 하자" 그래서 애들 아빠가 먼저 가서 문을 열고 저는 오후에 잠깐 나가서 도와주는 방법으로 그렇게 했었거든요. 그게 아마 거의 한 8월, 9월쯤에 가게가 나갔거든요. 그러니까 [세월호에 관련된] 일이 있을 때는 문을 닫고 여기에 집중을 하고, 일이 없을 때는 가게에 가서 일을 하고 그랬던 거 같애요. 그러니까 서명전을 제가 못 다녔어, 그래서.

면담자　　　그래도 7월부터는 국회와 광화문 농성에는 참가하셨나 봐요.

태민 엄마　　그때는 이제 왔다 갔다 하면서 가게 일도 봐주면서 국회에도 가고.

면담자　　　아버님이 가지 말라고 하거나 말리진 않았어요?

태민 엄마　　그러지는 않았어요, 같이 갔으니까 항상. 그리고 하루

문 닫고 하루 가고 하루 문 닫고 하루 가고 그랬던 거 같애요, 가게를 닫을 수가 없어서. 그리고 이제 오빠가, 그 전에는 대구에 있었는데 [안산으로] 잠깐 올라왔었어요, 2, 3년 정도. 그래서 근처에 있다가 오빠가 가게 봐주면서 저는 또 나가고 그런 식으로….

면담자   친정 오빠 말씀하시는 거죠?

태민 엄마   예, 친정 오빠가.

면담자   국회에 농성장 만들어졌을 때는 수시로 다니셨어요?

태민 엄마   그때는 왔다 갔다 [했어요].

7
세월호 활동과 태민이 동생들

면담자   태민이 동생들도 같이 간 적 있어요?

태민 엄마   동생은 이제 막내, 큰애 같은 경우는 안 다니고 막내는 제가 데리고 다녔죠.

면담자   그러면 이제 둘째는?

태민 엄마   왜냐면 요 때가 방학 때도 있고 그랬었어요. 갈 때마다, 갈 때마다 애를 데리고 다녔어요.

면담자   초등학생이었던 막내요?

태민 엄마   그때 초등학교 1학년.

면담자 　 막내는 데리고 다니고 둘째는 거의 혼자 생활했겠네요?

태민 엄마 　 그렇지, [혼자] 집에 있고.

면담자 　 식사는 이제 어떻게 했어요, 둘째는?

태민 엄마 　 그 당시에는 [안산시에서] 음식을 해서 집으로 배달을 해줬었어요. 그거 받아서 먹고, 저도 집에서 음식을 안 했죠. 반찬 같은 것도 조금 여유 있게 보내줬으니까 그걸로 그냥 먹고, 예, 예.

면담자 　 둘째도 대개 혼자 많이 있었겠네요?

태민 엄마 　 예, 혼자 있었죠, 거의. 그래서 이제 왜냐면 오빠가 같이 살던, 원래 고잔초등학교 앞에 집이 있어요. 근데 그 집을 급하게 내놓고, 그리고 가게 있던 그 근방에다가 [집을 구해서 그] 집으로 이사를 갔던 거죠, 혼자 놔두기가 좀 그래 가지고. 애가 강아지를 원해서…, 지 오빠는 정말 싫어했거든요. "강아지를 사면은 엄마가 일을 다 해야 되는데, 니네들이 씻길 거냐?", "니네들 봐주기도 힘든데 강아지까지 사면 안 된다" 그래 가지고 [태민이가] 반대를 되게 많이 했어요, ○○이가 되게 원하긴 했는데. 그래 가지고 오빠 가면서 한 6월 달인가 그때 강아지를 사서, [○○이가] 너무 힘들어해서 개라도 의지를 하고 좀 있으라고 [사줬어요], 좋아하더라고.

면담자 　 그러면은 ○○이는 그때 중학생이었죠?

태민 엄마 　 중학교 3학년.

도보 행진과 삭발식

면담자   7월 15일에는 350만 명 서명지를 들고 국회에 특별법 제정을 청원하러 갔었어요. 이때는 참여하셨는지요?

태민 엄마   네, 네.

면담자   7월 23일부터 24일 사이에는 안산에서부터 광화문까지 도보 행진을 했었는데 그때는 같이 걸으셨어요?

태민 엄마   요 때는 저희 애들 아빠가 참여를 했어요. 저는 이제 그다음 날 광화문[시청광장] 가서 참여를 했고, 안산부터 도보하는 거는 애들 아빠가 참여를 했고.

면담자   그리고 8월 14일, 15일이 범국민대회였죠. 15일에는 교황님이 오셨었어요. 이때는 광화문에 계셨어요?

태민 엄마   다 참여를 했어요.

면담자   그리고 8월 20일부터는 청운동 농성이 시작이 됐었죠. 유가족들이 청운동에 천막을 치고 굉장히 오래 계셨죠, 이때도.

태민 엄마   순범이 엄마가 거의 아예 상주를 했었죠. 여기 계실 때는 근데 저는 왔다 갔다 하고.

면담자   이때는 정말 특별법 제정을 위해 유가족들이 온 힘을 다해 투쟁하였지요. 그럼에도 불구하고 이후 결국 수사권, 기소권을 뺀 특별법이 제정되는 과정을 겪으셨고요.

태민 엄마   맞아요, 그때부터 힘들었던 시기였던 거 같애요.

면담자   그렇고 2015년 초 안산에서 팽목항까지 도보 행진을 했었는데 이때 지역마다 시민분들이 많이 참여를 해주셨어요. 이때 는 혹시 함께하셨는지요?

태민 엄마   요 때는 저희 애들 아빠가 "전국 도보를 팽목까지 가 겠다" 그래서 참여를 했어요. 근데 참여를 했는데 어디더라 이천, 이 천까지 걸어가다 다리에 쥐가 났는지 그다음부터 못 걸었어요, 아 예. 이틀 꼬박 이틀 걷고 그다음에 다리에 [이상이 생겨서] 더 이상 걸 으면 "안 된다"고 얘기를 하시더라고요. 복대하고 뭐 이렇게 다 하고 나서 그다음 날 "한번 걷겠다"고 해서 걷는데 중간에 차를 타더라고 요, 도저히 안 되겠다고요. 그래서 포기를 했던 거죠. 사실은 제가 하고 싶었어요. 내가 하겠다고 했는데 애들 아빠가 "그럼 애들은 어 떡할 거냐, 애들 둘이나 있는데" 그래서 애들 아빠가 하겠다고 해 서…, 중간 포기(웃음).

면담자   아버님도 초창기에 많이 참여하셨던 거 같애요.

태민 엄마   예, 예, 했어요.

면담자   어머니가 생각하시기에 아버님은 왜 열심히 참여하셨 다고 생각하셨어요?

태민 엄마   억울했겠죠, 애들 아빠도. 억울하고 무언가라도 하지 않으면 안 될 거 같고, 그런 생각이 많았던 거죠. 근데 하다 보니까 회의를 느꼈던 거지, 1년 정도 지나다 보니까. 그러면서 자꾸 집에 있었던 거 같아요. '해도 안 되는구나'라는, 지금도 그런 생각을 많이 [하고], "왜 공방 나가느냐" 그런 얘기 아직도 많이 해요.

면담자 　　　그러면 뭐라고 대응하세요?

태민 엄마 　　저는 "아이와의 끈을 놓고 싶지 않다"고 (울먹이며) 얘기를 해요, "평생을 그러고 살 거"라고….

〈비공개〉

면담자 　　　2015년 3월 27일 특별법 시행령이 입법예고 되자 그 폐기를 위한 투쟁이 시작되었어요. 유가족들의 삭발, 연좌 농성이 4월에 있었고, 이후 대규모 집회가 이어졌지요, 경찰과도 정말 많이 부딪히고….

태민 엄마 　　이때도 삭발식 할 때도 제가 부모님들을 다 잘라줬어요, 삭발식 할 때….

면담자 　　　그때도 참 힘들었죠. 그리고 세종시로 가서 해수부에 항의 방문도 하시고.

태민 엄마 　　요 때는 제가 못 갔어요, 애 때문에 못 갔었고.

면담자 　　　그다음에 1주기, 2015년 1주기 때….

태민 엄마 　　이때가 저기였죠, 광화문 그 현판 앞에서 농성…. 현판을 부모님들이 지키고 있었잖아요.

면담자 　　　물대포 막 쏘고.

태민 엄마 　　그때 저도 있었던 거, 있었어요.

면담자   그리고 이 5월 1일에 이제 경찰하고 크게 충돌이 있었던 날이었어요. 노동절 행사에 이어서 시청, 광화문에 쭉 모여가지고 안국역으로 진출하고 그러다가 광화문 앞에 부모님만 고립되어 있었지요. (태민 엄마 : 네, 맞아요) 경찰들이 거의 광화문으로 들어가는 걸 막고….

태민 엄마   경찰차들 쫙 있고…, 그때 정말 저희 부모님들이 거기 있지 않았으면 거기 정말 못 들어갔을 거야, 아마. 그렇게 시민들이 저기 안 했을 거라고 난 생각을 하거든요.

면담자   시민들이 광화문으로 진출하려고 경찰차를 밀고 하지는 않았을 거라는 말씀이시죠?

태민 엄마   밀지 않았을 거라고 난 생각을 해요.

면담자   이런 활동을 하면서 시민운동 하는 사람들을 직접 경험하시게 되었잖아요? 혹시 좀 생각의 차이가 있었다든지 하지는 않으셨는지요?

태민 엄마   글쎄, 일이 있기 전에는 사실은 내 가정밖에 솔직히 몰랐어요. 다른 어떤 사건이 벌어지고 그러면은 '아유, 가슴 아프겠다 정말', 그런 생각[을] 초창기에는 하죠, 어떤 사건이 벌어지고 그러면은. 그리고 어느 정도 지나면 잊어버리고 그렇게 살았던 거 같애요. 그런데 이렇게 내가 직접 아픔을 받고, 억울한 거[를] 당하고 나니까는 세상에 아픈 사람이 너무 많은 거야. 그걸 경험을 해요, 지금은. 그리고 아픔을 겪지 않아도 '이렇게 남들을 위해서 사는 사람들이 참 많구나' [하는 것도 알게 되었고요].

면담자   자기 일이 아니어도?

태민 엄마   자기 일이 아니어도, 사회의 부정부패 이런 거를 위해서 싸우는 사람들이 자기 일은 아니잖아, 사실은. 자기가 직접적으로 겪지는 않아도 앞에 나서서 행동을 하고 소리를 질러주고 하는 사람들이 그렇게 많다는 걸 저는 이제 알았어요.

면담자   이 활동을 하시면서요?

태민 엄마   응, 하면서 알았던 거죠. 보편적으로 보면 자기 일 아니면 안 나서거든요. '근데 그렇지 않은 사람도 많구나'라는 생각도 들게 되고, 세상에 아픈 사람들이 너무 많더라고, 광화문에 나가보니까 아픈 사람들이 많아요.

면담자   그죠, 광화문에 여러 분들이 오셨죠.

태민 엄마   거기 생전 처음 갔어. 서울에 놀이공원 이런 데는 갔겠죠. 63빌딩도 안 가봤고, 오로지 안산에서 애들 키우는 거…. 왜냐하면 거의 미용실은 거의 한 달에 두세 번밖에 안 쉬니까, 그때 잠깐 쉬는 거 해봤자 놀이공원에 애들 데리고 가는 거, 그게 다였으니까. 근데 세상에 눈을 돌려보니까 억울한 거 당한 사람도 많고 그렇더라고….

9

단원고 교실 존치 문제와 배·보상 문제

면담자　　　이어서 단원고 교실 존치 문제에 대해 여쭈려 하는데요, 재학생 부모들과 갈등이 생기면서 유가족들이 마음에 상처를 많이 입으셨던 것 같아요. 교실 존치에 대해 어머님은 어떤 생각을 갖고 계셔요?

태민 엄마　　　이제 교실에, 단원고를 가면 사실 그만큼 힘들죠. 올라가면서부터 우리 아이들이 뛰어놀던 그 모습들, 운동장에 올라가는 언덕부터 그림들이 생각이 나잖아요, '애들이 이렇게 지냈겠구나' 하는 그런 것들. 그런 것들 보이고…, 저희 부모님들 사실은 되게 마음이 아파요. 맨 처음에는 사고 나고, 우리 애 보내고 거기 가기가 너무너무 힘들었거든. 거의 1년 가까이를 그랬던 거 같애. 우리 이제 우리 ○○이, △△이가 고등학교, 초등학교가 학교 바로 앞이에요, 고잔초등학교가. 그렇다 보니까 매일 그 아이를 태워다 주면서 아이들이랑 부딪히는 거야, 단원고 아이들. 거의 1년 가까이를 울면서 애를 보냈던 거 같애, 아침에. 거기 데려다주면서 15년 중순까지는 그렇게 지내다가, 지금도 그 길을 다니지를 못해요. 왜냐면 학교에서 질러가는 길도 있고 그러잖아요, 일부러 아이들이랑 안 부딪치려고. 한 번씩 가끔 한 번씩 걸어가는데, 이렇게 막 수다 떨고 지나다니는 모습들이, 그림이 그려지니까 지금도 그 길을 걸어가면은 아직도 눈물이 나거든요.

　　근데 이제 그때 단원고 [교실을] 뺀다 어쩐다 하면서…, 사실은 저희 부모님들은 계속 있기를 원했고 제안도 했고, 좋은 방안으로 제안도 있고 했는데, 우리나라 법 자체가 원래부터 현장은 없애고, 그게 가장 중요했던 거야. 그리고 예를 들어서 정말 정부에서 그 공간을 살려주고 남기고 싶은 마음이 있었으면 정부에서 먼저 들어갔을 거야. 회피하고 싶은 마음이 있었기 때문에 손을 놓고 있었던 거죠. 그러다 보니까 학부모들이랑 갈등도 생기고, 그게 가장 심했던 거 같아요. 그게 계기가 됐던 거고, [안산]시에서도 손을 놓고 있었던 거고…, 그게 발단인 거죠.

면담자   어머니도 태민이의 그 흔적들을 학교에 남기기를 원하셨어요?

태민 엄마   있기를 원했어. 저는 정말 빼주고 싶은 마음 없었거든요. 근데 이제 [가족]협의회 자체에서도 그렇게 결정이 났고…, 저는 아직까지도 아까 말씀드린 거처럼 '그 공간에 있었다면 지금은 어떤 형태든지 결정이 났을 거'라고 저는 생각을 해요. 그 공간에 있었을 거라고 생각을 해요, 지금까지 밀고 왔다면. 그때 [교실 존치] 결정을 안 내려서, 어떤 그런 결정을 내렸기 때문에 지금 이렇게 된 거고 지금도 그 공간에 뭐 교육, 우리 아이들 시민교육원이 지어진다고 하지만 저는 싫거든. 저는 학교에 아직까지 있어야 된다고 생각을 해요.

면담자   그 당시 좀 강하게 얘기하셨어요?

태민 엄마   근데 얘기를 해도 그게 먹히나요? 안 먹히지, 발언권이 없는데.

면담자   4·16세월호참사가족협의회는 반별로 의견을 모아가지고 운영위원회에서 얘기를 한다고 들었는데, 6반 부모님들 의견은 어떠셨나요?

태민 엄마   근데 초창기에는 거의 대부분 반반이었던 거 같애, [존치해야 한다는 의견과] '이젠 빼줘야 되지 않나' [하는 의견이]. 왜냐하면 막 항의도 너무 많았고, 그 당시에 활동하시는 분들도 왜 교실을 지키지 않아도, 빼줘도, 그 옆으로, 그니까 그 당시에는 학교를 그 앞에다가 시민교육원을 지어준다고 했었잖아요. "그렇게 해도 되지 않나"라는 활동가분들도 되게 많았어요. 그렇게 그게 자꾸 연기되면서부터 떨어져 나가는 부모님들도 많았던 거지. 부모님들도 많았고 시민[활동]가분들도 많았고, 딱 한 다리 건너서 계시는 분들도 "교실은 빼줘야 되지 않냐"라고 얘기를 했어요. 그러면서 떨어져 나가신 활동가분들도 많아요, 그 교실로 인해서. 그래서 저희들이 어쩔 수 없이 결정을 내려야 했던 상황이었던 거죠. 그런 뜻이 아니었어도 그래서 빼주게 됐던 거 같애요.
      저는 근데, 저는 '안 빼줬어야지 맞다'고 생각을 해요. 그 공간에 있었으면 어떤 방법이든 교실을 더 증축을 해서 그 공간을 살려서 그곳을 아이들이 경험을 할 수 있는, 아픔을 경험하고 그리고 또 이렇게 그런 쪽으로 방문을 하고 했을 때 '사회가 조금 더 나은 사회가 되지 않을까', 교육 면에서도. 저는 아직까지 그렇게 생각을 하고 있어요.

면담자   어떤 부모님들은 "난 솔직히 집으로 데리고 오고 싶다"고, 옆에 데려다 놓고 싶다고 하시는 분들도 계시는데….

태민 엄마   저는 '갖고 오는 거, 집에 있는 거 크게 의미 없다'고 생각을 해요. [여러 사람들이] 함께 경험을 해야지 된다고 생각을 하거든요.

면담자   4·16세월호참사가족협의회가 유가족들의 활동을 이끌어왔잖아요? 모든 부모님들이 가족협의회에서 활동을 하시는 게 아니다 보니, 활동 과정에서 생각이 다르다든지 아쉬움을 갖는다든지 하는 여러 감정이 있을 수 있을 것이라고 생각을 해요. 초창기부터 활동해 오셨던 태민 어머니 같은 경우에는 주변에 활동하지 않는 부모님들과도 교류가 있으시거나 생각을 나눠보신 적이 있으세요?

태민 엄마   거의 없어요. 거의 보면은 구분이 딱 돼요. 왜냐하면 이제 그 맨 처음에는 한 15년도 그때까지는 모든 분들이 다 한마음이었어요. 그러면서 그 보상 문제가 거론되면서 그때부터 이제 갈렸던 거죠. 그때부터 이제 안 나오신 분들은 아예 그냥 딱 끊어져 버린 거죠.

면담자   원래 관계가 있으시다가 그 보상 문제와 관련해서 입장이 달라지신 분들도 있으세요?

태민 엄마   근데 그렇지는 않은 거 같애. 저희 반 같은 경우는 딱 두 파트로 나눠졌어요.

면담자   그분들은 이제 보상받고 나서는 잘 안 나오시나요?

태민 엄마   예, 그때부터 딱 끊어지더라고. 그러면서 저희 반 회비를 걷어요. 그때부터 이제 누적도 되고 그러다 보면서 자연스럽게 끊어져서 나가더라구…. 거의 안 만나요.

면담자   지금 6반에 몇 분 정도 활동 같이하세요?

태민 엄마   저희 한 10반[집] 정도, 10반, 10가구.

면담자   그분들은 이젠 큰 차이 없이 그냥 꾸준히 나오시는 분들이신 거죠?

태민 엄마   예, 항상 그니까 뭐 일 있을 때마다 같이 가고.

면담자   굉장히 끈끈하죠?

태민 엄마   예, 그렇죠. 가족이라고… 가족이라고 생각하면 돼, 거의. 반 개념도 있구요, 그런…. 그리고 지금은 저 같은 경우는 기억저장소랑 공방에서 활동을 거의 많이 하거든요. 저장소도 가족인 느낌 있고, 그다음 이제 공방도 마찬가지….

10
유가족 공동체 활동

면담자   공방 같은 경우에는 언제부터 나가셨어요?

태민 엄마   이제 초창기, [20]15년도 그때부터 공방이 운영이 되긴 했어요. 왜냐하면 이제 부모님들이 집에는 못 있고 대기실에 모이다 보니까 가만히 멍하니 있기는 또 그렇잖아요. 그래 가지고 뭔가를 만들어서 나눔도 하고 맨 처음에 나눔보다도 시간을 어떻게 보낼까 그런 게 컸던 거 같아요. 그렇게 하면서 이제 수도 배우게 되고, 맨 처음에 자수를 배우기 시작했던 거 같애, 천에다가 자수 배우는 거 그거 하다가 온마음센터가 운영이 되면서부터 지원이 좀 더 들어왔던 거죠. 그러면서 퀼트…, 이것저것 많이 하게 된 거 같아요.

면담자   온마음센터에서 어머니나 아이들이 혹시 상담받아 보신 적 있으세요?

태민 엄마   그렇죠.

면담자   ○○이나 △△이는 같이 다녔어요?

태민 엄마   이제 초창기에 심리검사 신청을 했어요, 조금 해보면 안 되겠나 해서. 그게 15년도 중후반 정도 됐던 거 같아요. 그래 가지고 제가 한 번, 저도 한 번 받았거든요. 애들 아빠 빼고 셋이서 받았는데, 저는 한 번 받고 그게 너무 많이 힘들더라고요, 받는 과정이. 왜냐하면 선생님이 제 아픔을 끌어내려고 유도를 하는데 자꾸 저는 너무너무 힘든 거에요, 그게. 그거를 받고 나면은 그다음 날까지 힘을 못 쓰겠더라고. 너무 많이 울고 그래서 안 되겠다고 저는 포기를 하고, 애들은 두세 번 정도 받았던 거 같아요. "엄마 하기 싫다"고, "하기 싫다" 그러더라고요. 자꾸 오빠 얘기해야 되고, 그게 싫은 거야. 그게 나름대로 스트레스였던 거 같애, 애들한테는 오히려. 그래서 △△이 같은 경우는 그림치료를 해서 몇 번 받았고요, ○○이는 두세 번 가다가 못 하겠다고 그러더라구요.

〈비공개〉

면담자　공방 활동도 좀 독특하잖아요. 활동하시는 분들 입장에서는 공방만 나오시고 피케팅이나 집회 시위에는 안 나오는 부모들에 대해 '너무 자기 활동만 하는 게 아닌가'라는 그런 생각이 들 수 있잖아요? (태민 엄마 : 그렇죠) 공방 활동 하는 분들이랑 안 하는 분들 사이에서 심적으로 좀 갈등이 있으셨거나 힘들었던 적은 없으세요?

태민 엄마　이제 거의 보면 공방에서 움직이는 분들이 거의 대부분 피케팅 나가고 서울 가야 될 일 있으면 국회도 쫓아다니고 다 공방에서 하시는 분들이, 하시는 분들이 거의 대부분 같이해요.

면담자　아, 그래요? 같이하시는 분이 많으시구나.

태민 엄마　거의 보면… [같이하는 경우가 많아요]. 그리고 이렇게 1년에 한 번씩 장을 했었잖아요, 여기서. (면담자 : '엄마랑 함께하장') 그럴 때만 한 달 정도, 딱 한 달 정도는 거의 보면 외부 활동이 뜸하죠.

면담자　그 준비 때문에?

태민 엄마　준비 때문에. 그런 걸로 인해서 크게 트러블이 난다거나 [그런 적은] 거의 없었던 거 같애요, 왜냐하면 움직이는 분들이 거의 대부분 움직이시니까. 지금 공방에서 하시는 분들도 거의 대부분이 일 저 일 같이하시는 분들이 거의 태반이세요. 어, 지금 고정적으로 움직이시는 분들, 20분 정도 계시거든요. 그분들이 "목포나 어디 가야 된다" 그러면 그분들이 다 움직이는 거고, 어떤 프로그램이 있을 때는 그 프로그램 없애고 그 활동 쪽으로 먼저, 어, 먼저 몸을 [움직이는 일을 우선으로 하고 있어요].

면담자   활동 먼저 참여하시구요?

태민 엄마   그렇게 이제 거의 틀이 잡혀 있어요.

면담자   기억저장소, 공방 혹시 그 두 가지 말고 참여하신 활동이 있으세요?

태민 엄마   합창단도 저는 초창기에 했어요. 초창기 맨 처음에는 한 서너 명이 무대에 올라가 가지고 "합창단입니다" 소개했는데…, 한 네 명이 올라가지고 노래 부르고 그랬었어요.

면담자   나중에 안 하신 이유는 뭐셨어요?

태민 엄마   이제 애들 아빠가 일을 하다 보니까, 애들 아빠[가] 집에 있을 때는 제가 어디를 다니고 할 수가 있었는데, 애들 아빠가 일을 하다 보니까 애들 둘을 챙겨야 되잖아요. ○○이 같은 경우는 이제 크게 걱정이 없는데 막내 같은 경우는 이제 제가 픽업을 해야 되거든요. 그래서 이제 집이 멀다 보니까 지 혼자 걸어오지를 못했어요 그때는, 지금은 그게 가능한데. 그래서 합창을 그만뒀던 거죠. 거의 합창은 1년 정도 했던 거 같애.

면담자   아, 오래 하셨네요. 여러 가지 활동을 하셨네요.

태민 엄마   (웃으며) 네, 뭐더라 연극도 이제 제의를 받기는 했었는데, 제가 시간적인 여유가 없으니까 못 한다고 얘기….

면담자   구술에는 비교적 늦게 응해주셨네요?

태민 엄마　　　제가 사실은 초창기에 잡았었는데요, 그게 자꾸만 너무 힘들더라고, 마음이. '어떻게 얘기를 하지' 그런 생각이 있다 보니까는 자꾸 미루고 미루고 한 게 1년 이후가 된 거예요. 초창기에 원래 저장소에 있던 부모님들이 "먼저 하자" 해서 먼저 했었거든요. 유일하게 저만 안 했던 거야, 날짜를 잡았다가 또 이제 미루고, 미루고 하다 보니까.

면담자　　　기억저장소가 2014년도 8월에 사무실을 마련해 가지고 시작이 됐는데, 가족협의회와는 다른 공간에 있잖아요? 어머니가 기억저장소에 참여를 직접적으로 하기 전에 그때 옆에서 보기에 좀 느끼셨든지 생각하셨던 점은 없으세요?

태민 엄마　　　크게, 솔직히 관심이 없었어요, 저장소에서 무슨 일을 하는지도 몰랐고. 저는 사실은 가만히 앉아가지고 하는 일을 좋아했거든요. 그 전부터 앉아서 뭐 만들고, '만들어서 도움을 줄 수 있다면 그걸로도 가능하다'고 생각을 했는데, 이제 저랑 조금 잘 지냈던 분이 권유를 해서 [기억저장소에] 들어가게 됐는데, 좋았어요. 사실은 몸은 좀 힘들고, 애들 아빠랑 트러블도 좀 많고…. 왜냐하면 이제 지방을 가야 되고 하루, 아침 일찍 나가서 저녁 늦게 들어오고 막 그런 일이 있다 보니까, 싫어하잖아요. 왜냐하면 애들이, 애가 어리잖아요, 어리니까 이제 밥을 챙겨주고 [해야 하니까]. 애들 아빠 같은 경우는 이제 밥에 되게 목숨을 많이 걸어요(웃음). 다른 거에 대해서는 크게 [신경 안 쓰는데], 밥을 먹였느냐 안 먹였냐, 그거 때문에 되게 예민해지거든요. 그런 거 때문에 트러블이 많이 좀 있긴 한데 저 나름대로 잘 들어왔다고 생각을 해요.

면담자   아, 언제부터 시작하셨어요?

태민 엄마   제가 11월 달부터 아마 했던 거 같애요.

면담자   2017년 11월이요?

태민 엄마   원래 2016년도 아마 8월 달부터 저희 어머님들이 들어와서 일을 했던 거 같애요. 저는 좀 늦게 들어갔던 거죠.

면담자   2016년 11월부터는 계속 촛불집회가 있었고 17년도 와서는 인양이 결정이 되고 그러면서 목포 신항에서도 여러 가지 활동들이 진행되었었는데, 이런 활동들에는 참여를 하신 쪽이었어요?

태민 엄마   예, 거의 했던 거 같애요. 이제 왜냐하면 그때 11월 달부터 [기억저장소에서 활동을 시작]해서, 한 1월, 17년도 1월 달부터 해가지고 그때부터는 이제 아이들 '기억시'[를 전시하는 행사] 그게 [전국] 교육청으로 돌았었어요. 그럴 때가 좀 시간적으로 힘들었고, 초창기라서. 왜냐하면 이제 몸에 숙달도 안 됐을뿐더러 한번 가면 전시를 하는 데 꽤 오랜 시간이 걸렸던 거 같애, 무거운 것도 날라야 되고 몸으로 해야 되는 일이니까. 지금은 이제 거의 막바지에 온 거 같애요. 2018년도 한 4월 달 정도면 거의 대부분 모든 것이 끝나지 않을까, 전시하는 거는. 지방으로 다니는 '아이들 '기억시' [전시] 그거는 거의 마지막으로 하게 될 거 같애요, 올해 4월에는. 그다음에 이제 다른 거는 크게 뭐 없는 거 같애요.

면담자   혹시 이제 어머니들끼리 기억저장소가 이렇게 됐으면 좋겠다, 혹은 이런 활동을 더해야 되지 않겠냐는 얘기도 좀 하세요?

태민 엄마 　　음, 글쎄요…. 저희 꿈은 사실 그런 게 있어요, 소장님도 마찬가지지만, 추모공원이 제대로 지어져서 그 공간에도 우리 아이들이 기억될 수 있는 그런 작품이나, 작품이라고 그러면 좀 그렇지만, 기억될 수 있는 물건들도 많이 들어갈 수 있는 공간이 '제대로 확보가 돼야 된다'고 생각을 해요. 그리고 서고가 다 나눠져 있어요. 우리 아이들 물품을[기록물이] 다 단원고, 상록구청 이렇게 해가지고 다 나눠져 있는데 그것들이 한군데 모일 수 있는 어떤 공간이 만들어져야 되지 않을까…, 그게 가장 시급한 거라고 생각을 하거든요. 이제 모든 게 이제 시민들의 후원금으로 이루어지고 있거든요. 그런 면에서도 시민들 후원도 중요하지만 정부에서도 관심을 많이 갖고, 어떤 기록이 많이 남아 있어야지만 다시금 그런 어떤 뭐 사고라든가….

면담자 　　재발 방지.

태민 엄마 　　그런 것도 할 수 있는, 그런 것도 있을 수 있으니까 그런 거에 대해서 관심을 정부에서도 가져야 된다고 생각하거든요, 기록에 대해서도.

면담자 　　기억저장소가 후원금만으로 운영되지만, 정부의 재정 지원도 필요하다는 생각이세요?

태민 엄마 　　지금 현재로는 후원금만으로만 다 지금 운영도 하고 있는데, 이제 정부에서도 관심을 가져서 정부에서 어느 정도 '지원도 있어야 된다'고 생각을 해요. 지금 정권이 바뀌었잖아요.

면담자   또 바뀌면 어떡해요?

태민 엄마   또 안 바뀔 거야, 이제. 왜냐하면 우리 국민의 힘만으로는 솔직히 힘들다고 저는 생각을 해요. 국가에서도 어느 정도 지원이 있고 그게 뒷받침돼 줘야지만 바람직하죠. 근데 이제 그 밑에 있는 사람들이 그거를 따라줄 건지 그게 고민은 되지만 사실은, 밑에 있는 사람들이 많이 바뀌어야 된다고 생각을 해요. 대통령이 바뀌어도 아무것도 되는 게 없잖아요, 그죠? 추모공원 한번 때리지도 못하는데….

면담자   그러면은 어머니는 정치가 굉장히 중요하다고 생각을 하게 되신 거예요?

태민 엄마   네, 네. 누가 대통령이 되느냐, 아니면 그 밑에서 [누가 일하냐가 중요하다고 봐요]. 저는 그 전에 살 때는 투표도 안 하고 아무것도 안 하면서 살았어요. 근데 지금은 정말 해야 되는, 꼭 해야 되는 거라고 생각을 하거든요. 누가 정치인이 되느냐에 따라서 그게 판이 완전히 바뀔 수 있는, [완전히 다른] 나라가 되는 거니까, 어떤 사건도 벌어질 수 있는 거고.

면담자   그래도 유가족들이 다 그렇게 생각하시지는 않겠죠?

태민 엄마   저희 부모님들은 '거의 그렇게 생각하지 않을까'라는 생각을 해요. 왜냐하면 어떤 큰 경험을 했기 때문에, 살면서 이런 경험을 할 수 있는 사람들은 정말 없거든, 1프로밖에 안 돼요. 그니까 어떤 생각을, 많은 생각을 하고 살 거 같애.

11

다른 '사회적 참사' 연대 활동에 대한 생각

면담자   세월호 참사 이후에 가습기살균제 사건하고 스텔라데이지호 사건이 터지고, 그 피해자 가족들이 계시잖아요? '사회적 참사의 진상규명 및 안전사회 건설 등을 위한 특별법' 같은 경우에는 그 가습기살균제 피해자분들과 같이해서 법안이 마련됐고요. 이런 분들을 혹시 만난 적 있으세요?

태민 엄마   여기 한 번 오시기는 했는데 저는 직접적으로 이야기를 했다거나 그런 거는 없어요.

면담자   그분들하고 같이 활동을 한다거나 이런 것들에 대해서는 생각해 보신 적은 없으셔요?

태민 엄마   뭐, 가습기?

면담자   네, 가습기 부모님들도 가족들이 사망하거나 아픈 친구들 많이 있잖아요. 그런 분들하고 같이 활동하는 거에 대해서 어떻게 생각하시는지….

태민 엄마   이제 그게 활동이라는 범위가, 그게 있는 거 같애. 어떤 활동이냐에 따라서 그것도 있는 거고, 저희랑 활동을 같이하는 거보다는…, 생각은 같겠죠. 정부에 대해서 어떤 비리 이런 거에 대해서 생각은 같다고 생각은 해요. 근데 '함께 뭉친다는 거 그거는 어렵다'고 생각을 해요. 왜냐면 저희 같은 경우는 단원고라는 큰 덩어리 안에서 이루어진 거잖아요. 그 틀이 있기 때문에 그게 보호막이

될 수도 있는 거고 어떤 단체가 될 수도 있는 거예요. 그래서 그 힘이 크다고 생각을 해요, 저희는. 그게 아니었으면 저희 이렇게까지 못 왔어요. 예를 들어서 정말 '따로따로 해서 여행을 갔다거나 그렇게 해서 일이 벌어졌다 그러면 이렇게까지 4년까지 싸울 수 있다'고 생각을 안 하거든요. 단원고라는 그런 공통적인 그게 있기 때문에, 공동체였기 때문에 이렇게까지 올 수 있는 거고…. 그리고 예를 들어서 가습기 같은 경우는 정말 그 부모님들 생각하면 너무 아프죠. 저희 자식 앞세운 부모님들 같은 경우는 똑같을 거야, 그 마음은. 우리 같은 경우는 하룻밤에 보낸 거고, [가습기살균제 피해자 부모들은] 조금 아프다가 보낸 그 차이만 있을 거지만, 그 기억이나 그런 거는 똑같을 거라고 저는 생각을 해요. 근데 가습기 같은 [경우는] 지역적인 저기가[공통 기반] 없는 거잖아. 흩어져 있기 때문에 그래서 공동체로서의 힘이 그만큼 뭉쳐지지 않았다고 봐요. 아무리 사망자가 많았다고 하더라도 그런 차이가 좀 있다고 생각을 하거든요.

12

'엄마랑 함께하장' 기획 취지와 과정

면담자 '엄마랑 함께하장'은 공방 활동을 가지고 시민들과 만나는 장을 만든 거잖아요, 특히 안산 시민들이랑. 요거는 어떻게 만들어진 자리예요?

태민 엄마 맨 처음에는 사실은 추모공원 때문에 그렇게 된 거예요. 추모공원이나 어떤 배·보상 문제 등 이런 것에 대해서 시민들의 부정적인 생각들, 저희가 알리고 싶은 이야기 내용에 [대해] 왜곡된 내용으로 알고 계시는 분들이 많다 보니까는 이제 공방에서 만들었던 물건들을 이걸 위해서 판매도 하고 나눔도 하다 보니까는, 그 수익금은 불우이웃돕기나 그런 걸로 다 했거든요. 근데 이제 수익금보다도 시민들을 만나서 '추모공원은 어떻다', '우리가 어떻게 싸우고 있다' 뭐 그런 거를, 사실과 왜곡된 그런 이야기로 퍼져 있던 거를 바로잡기 위해서 그래서 이런 거를 하자고 하게 됐던 거고. 그다음에 시민분들이 요구를 해서, '저희 부모님들이 조금 나와서 함께 시민들이랑 이야기도 나누고 바르게 알 수 있게끔 저희가 알고 있는 것들을 나눔도 할 수 있는 그런 자리가 만들어졌으면 좋겠다'라고 생각을 했기 때문에, 그런 생각을 갖고 있는 부모님들이 오히려 앞장을 서서 그렇게 루트를 뚫었던 거 같애요.

한두 군데서 이제 하다 보니까 저희 공방 쪽으로도 동사무소든 도서관이든 그쪽에서 부모님들을 모셔놓고 "와주십시오. 와서 추모공원이든 지금 현재 특조위[4·16세월호참사특별조사위원회]나 이런 게 어떻게 돌아가고 있는지 제대로 된 이야기를 해달라"고 해서 나가게 됐던 거 같애요, 지금도 이제 올해도 그렇게 하려고 계획을 세우고 있고.

근데 사실은 맨 처음에 정말 힘들었어요, 거기 앞에 서기가. "누구 부모 누굽니다" 얘기를 하는데 눈물이 핑 돌고 정말 힘들었던 거 같애요. 힘들었는데 이제 따뜻하게 봐주시고, 또 이제 말씀은 안 하셔도 다른 생각 갖고 계시더라도 말씀은 안 하시더라고. 다른 생각

갖고 있어도 말씀은 안 하시고, 그리고 또 따뜻하게 대해주시는 부모님들 계시고, 또 이제 그거를 마치고 나서 나중에 들려오는 이야기들이 "너무 좋았다"고 그런 얘기 들으면 정말 뿌듯하고, '내가 잘하고 있구나'라는 그런 생각을 되게 많이 해요. '이것도 우리가 살아가는 한 방법이구나. 그래야지 안산에서 살 수 있겠구나'라는 생각들 많이 하고 있어요.

면담자   안산을 떠날 생각은 한 번도 안 하셨어요?

태민 엄마   예, 저는 안산 떠나고 싶은 생각은 없어요. 모르겠어요…, 우리 애들이 지금 아직 어리잖아요. 아직도 20년 이상은 안산에 있어야 될 거고, 나중에 시골로 갈 수도 있겠죠 뭐. 그 시간 정도 지나면 그러면 20년 후면 제가 거의 일흔 넘으니까, 일흔 정도 되는데 그때쯤엔 생각을 할 수도 있겠죠. 시골에 가서, 또 저희 가족…, 그런 생각들 되게 많이 갖고 계신 분이 계세요, "가족들, 마음 맞는 분들이 한동네에 모여서 같이 살면 어떨까" [하고요]. 이제 나이를 먹으면 그때쯤에 시골에 내려갈 거 같애, 어디 지역을 또 생각을 해서.

면담자   왜 안산에서 계속 산다는 생각은 안 하세요? 여기서 계속 살다가 생을 마감할 수도 있지 않을까?

태민 엄마   모르겠어…. 그런 생각 반, '나중에 이제 시골로 내려가야지' 하는 생각 반. 왜냐하면 저희 애들 아빠 같은 경우는 지금 시골을 되게 가고 싶어 해요. 그래서 이제 애들 아빠가 간다 그러면 나중에는 '내려가야 되지 않을까, 애들 다 키우고 나서' 그런 생각도 있고, 반은 또 '여기 있어야지' 하는 생각 반, 그런 거 같애. 지금 현재로는 떠나고 싶지 않아요. 정말 추모공원이 제대로 지어지고, 우리 아이들이, 공원이 제대로 발판[터전]이 됐을 때 그때쯤에는 조금 '[다른] 지역 쪽으로 내려갈 수 있지 않을까?' 그런 생각들.

13
안산시장, 공무원들에 대한 실망

면담자　　　어머니 활동하신 거에 대해 여쭈었는데 혹시 빠진 활동이 있을까요?

태민 엄마　　거의 다 한 거 같애.

면담자　　　활동에 대해서 여쭤보는 건 이제 어떤 활동을 하셨는지에 대한 내용도 있지만, 활동의 과정에서 다양한 관계를 맺고…, 꼭 좋은 관계만 있는 게 아니라 좀 화도 나고 섭섭한 게 생기잖아요.

태민 엄마　　응, 상처받는 것들[도 있지요]. 저는 사실은 안산에 대해서, 시장이든 안산에 공무원분들 그런 분들에 대해서 실망이 되게 커요, 사실은 안산 내에. 지금 저희 아이들이 다 안산에서 살다가 그렇게 안산에서 크게 정말 250명이 가는[희생된] 저기는[사고는] 거의 없거든요, 역사상. 근데 이렇게까지 했는데…, 사실은 초창기에는 마음이 다 같았겠죠. 근데 지금은 시장부터, 시장님부터 해가지고 다 발을 빼고 있잖아요, 자기 정치 그런 거 때문에. 그런 문제에 있어서 정말 발을 빼고 하는 거 보면은…, 정말 속상하고…. 그리고 "추모공원 들어오면 땅값 떨어진다" 그런 얘기 하면 정말 속상하거든요. '정말 자기 자식이 그렇게 죽으면 저런 말이 나올까. 똑같은 마음 정말 당해보면 알까' 그런 생각도 들고. 왜 생각을 깨어서…, 그러니까 저도 사실은 예를 들어서 정말 시민의 입장이었으면 그런 생각을 갖고 있을 수도 있어. 근데 중립적인 생각을 갖고 살 수도 있는 거잖아요.

면담자   굳이 그렇게까지 이기적인 말로 하지 않아도….

태민 엄마   그렇지. 꼭 나한테 피해주는 건 아니거든, 그게[추모공원이] 들어와서. 그런 거 생각하면 정말 '안산이 좀 바뀌어야 된다'고 생각을 해요, 정말 바뀌어야 되는 거고, 시장님부터도 조금. 그리고 맨 처음에 우리가 여기 공원 지어달라고 그랬을 때는 분명히 하시겠다고 하셨어. 하시겠다고 하시면서 시간이 어느 정도 지나니까 또 발을 빼시잖아요. 처음의 생각이랑 틀린 거지. 왜냐면 [시민들의] 반발심[이] 조금 나오고 하면…, 그러면 그거를 전체적인 사람들이 50프로 이상이 반대를 하는 게 아니잖아요. 아닌데도 불과하고 몇 분의 이야기를 듣고 거기에 수긍해 가지고 자기 손 든다? 정치인이 그렇게 얘기하면 안 되거든, 안산에서 일어난 일인데. 그 사람이 그렇게 저기 하면 안 되잖아요, 사실은. 그리고 시민들을 설득하고, 설득하려고 노력도 안 했을뿐더러, 정말 그런 생각을 갖고 '이 공간이 필요하다'라는 생각을 본인이 갖고 있다면, [시민들을] 설득하고, 어떤 방법을 써서라도 바르게 알 수 있게끔 전달을 하고 했어야 되는 건데…. 모든 분들이 그렇게 된 게 아니잖아.

지금 반대하는 것도 "공원[안산 화랑유원지] 전체를 다 쓴다, 어쩐

다" 막 그런 걸로 들고 일어나는데, 그때 4·16 조례, 그때 통과될 때도요, 시민들이 제대로 알고 있어서 반대를 한 게 아니거든. 그때 '그 4·16 조례가 통과가 되면 여기 추모공원이 지어[진다]. 땅땅 때려진다'고, 그 '부지가 선정이 된다'고 생각을 하는 거야. 근데 그게 조례가 그게 아니잖아요. 그니까 똑바로 알지 못하면서 무조건 반대만 우선하고 보는 거야. 그런 면에서도 시장님이 우선 나서서 똑바르게 지식을 전달을 해주고, 안 되어 있는 부분[은] 동사무소나 이렇게 공무원들을 시켜서 제대로 전달될 수 있게끔 얘기를 해줘야 되는데 그런 쪽에서 전혀 안 했다는 거지. 그래서 저는 지금까지 왔다고 생각을 해요. 그니까 어떤 시든, 어떤 일이 터지면 시에서 대표적인 사람들이 앞에 나서서 제대로 된 정보를 갖고 찬반이든 할 수 있게끔 제대로 공유를 해야지 된다고 생각을 하거든요. 그런 쪽에서 가장 화가 나는 거 같애요. 그래서 이런 교실 문제도 터져 나오는 거고 모든 게 그렇게 터져 나오는 거 같애, 시민들이랑.

위에서 제대로 안 했기 때문에, 그 사람들이 제대로 된 정보를 시민들에게 알려주고 홍보도 하고, 예를 들어서 저는 시장님이 각 동에 나가서, 아니면 사람들이 많이 모이는 그 공간에 가서 제대로 된 설명을 해야 된다고 저는 생각을 해요. 그런 거 한 번도 안 했어, 그죠? 추모공원도 예를 들어서, 정말 [화랑유원지 오토캠프장] 공간에 지어져야 된다고 생각을 맨 처음에 했다면 각 동이나 반대하는 세력 앞에 가서 제대로 된 브리핑도 하고 했어야 된다고 저는 생각을 해요. 근데 그런 거 한 번도 안 했어요. 그렇다 보니까 이렇게까지 커졌던 거 같애.

면담자   추모공원 관련해서 사실은 단원고 교실과 마찬가지로 지역 내에서 반대하는 거잖아요. 그런 게 되게 부모님들을 힘 빠지게 만들잖아요.

태민 엄마   그렇죠.

면담자   어머니, 그동안 해오셨던 활동에 대해 중요한 말씀을 많이 해주셨어요. 오늘은 이 정도로 구술을 마치고 3차 때는 어머니의 삶에서 변화의 과정이랑 생각의 변화, 차이 등에 대해 얘기들을 들을 예정입니다. 오늘 고생 많으셨고, 수고하셨습니다.

태민 엄마   예, 수고하셨습니다.

3회차

2018년 1월 23일

1

시작 인사말

면담자   본 구술증언은 4·16 사건에 대한 참여자들의 경험과 기억을 기록으로 남김으로써 이후 진상 규명 및 역사 기술에 기여하고자 합니다. 지금부터 문연옥 씨의 증언을 시작하겠습니다. 오늘은 2018년 1월 23일이며, 장소는 안산시 단원구 4·16기억저장소입니다. 면담자는 장미현이며, 촬영자는 강재성입니다.

생명안전공원, 단원고 교실

면담자   어머니, 지난 구술에 이어서 오늘 생명안전공원에 대한 이야기부터 시작을 했으면 좋겠어요. 화랑유원지 오토캠프장 자리에 공원을 조성을 해서 '시민들이나, 사람들이 같이하고 싶은 곳으로 만들고 싶다'라고 하는 생각이 어떻게 만들어졌는지 궁금하거든요. 생명안전공원에 대한 구상이라든가 이런 것들에 대해서 먼저 듣겠습니다.

태민 엄마   5·18 광주 사건이며 어떤 6·25 [같은] 사건이 일어나면 항상 보면 그런 추모공원이 지어진 데는 산 안에, 뭐 1시간[이나] 안에 들어가서 차편이 없다든가 찾아갈 수 없는 그런 위치에 있더라고요. 그리고 그런 곳에 화려하게 지어지고 큰 평수에 지어지면 뭐 하냐는 거지, 어떤 의미도 없는 거고. 그리고 우리 아이들이, 또 사실은 수학여행이 학교 [교육]과정 중에 그런 일이 있었던 거고, 그리고 한창 꿈을 피울 나이에 그런 거잖아요. 그리고 우리 아이들이 안산에서 있었고 안산 화랑유원지에 가장 근접한 고 위치에 아이들이 있었던 공간이기 때문에 화랑유원지가 그만큼 의미도 있는 거고, 아이들한테. 그리고 근접하기 가장 좋은 곳. 항상 우리는, 저희 가족 입장은 사실은 그런 게 있는 거 같애. 저도 개인적인 욕심일 수 있어요. 가장 가까운 데 있으면서 아이들이, 사람들이 많이 찾아줘서 영원히 잊지 않게끔 그런 거를 바라고, 그런 위치에 [있기를] 더 소망을 하고, 꿈을 키우고.

그런 걸 원하지 않는 건[사람도] 있겠지만, 그래도 나중에 아이들의 미래를 봤을 때, 그리고 서구적인 그런 저기를 추모공원이 지어지는 거 봤을 때, '우리나라도 이제 도입이 돼야 되지 않나' 그런 생각도 더 많은 거 같애. 이렇게 한번 시초가 되면 그다음부터는 그게더 쉬워지는 거거든요. 이번 사례에 그렇게 생겼으면 저는 좋겠어요, 우리 아이들부터 해서. 그래서 저희는 사실은 화랑유원지를 더원하는 거고 그런 게 더 많은 거 같애요.

면담자   그동안 한국 사회에서는 죽음이라는 거를 빨리 지우려고만 했잖아요. 부모님들이 그런 거를 보면서 '한국 사회에 변화가 필요하다'라고 생각을 하셨을 거 같애요.

태민 엄마   예, 맞아요.

면담자   그런 생각이나 추모공원 같은 제안들은 어떻게 나오게 된 거예요? 이것도 가족협의회에서 가족분들이 제안하신 거예요?

태민 엄마　　예, 예. 사실은 학교가 [교실을] 가장 먼저 빼게 됐잖아요. 우리는 그 공간을 정말 기억할 수 있는 공간으로 만들어서 [시민들이 찾아오게 하고 싶었지만], 저희가 좋은 제안을 했어도 학교 측이랑 경기도[교육]청에서는 받아들이질 않아서, 저희가 6개월 이상을 피케팅하고 그래도 이게 안 받아져서 어쩔 수 없이 합의하에 빼주게 됐어요. 근데 저는 아직까지도 솔직히 욕심이 나요. 그런 얘기도 있어, "화랑유원지를 못 하면 단원고를 아예 우리 가족들한테 줘서 거기 추모공원이며 교실이며 다 유지를 하자" 그런 얘기도 사실은 많이 있었거든요, 맨 처음에….

면담자　　가족들 내부에서요?

태민 엄마　　네. 근데 합의하고 어쩔 수 없는 과정에서 너무 시민들이, 왜냐하면 그런 학교[를 존치하는 운동을 하는] 과정에서 시민들이 저희 편에 섰던 분들이 많이 등을 돌렸어요, 사실은. "왜 그렇게까지 욕심을 부리냐, 그건 욕심이다"라고 얘기를 해서 그런 과정에서 사실은 저희가 빼주게 됐거든요. 지금도 현재 안산 [교육]지원청, 그 지금 기억교실 있는 공간에다가 지금 뭐 "그 공간에다 우리 아이들을 두겠다, 학교를 재현을 하겠다" 그러는데, 솔직히 저는 그거 싫어요. 원래 이제 합의한 대로 그 학교 바로 건너편에다가, 그 안에다가, 그 [원고잔]공원이 있거든요. 그 공원 위에다가 크게 지어서 학교를 내려다볼 수 있는 그런 공간이 되었으면 [하고] 사실은 바라거든.

면담자　　어머니 개인적으로는 학교에 가까운 곳이 일단은 제일 좋겠다는 생각이 있으셨고, 그다음에 학교에서 교실을 뺀 다음에는 공원을 조성을 하면 좋겠다고 생각하게 된 거예요?

태민 엄마   더 중요하게 된 거죠.

면담자   혹시 내부에 이견이나 이런 건 없었어요?

태민 엄마   사실은 많아요. 왜냐하면 활동하시는 분들, 안 하시는 분들 생각이 또 틀린[다른] 거고. 거기 화랑유원지를 그렇게, 지금 정말 4년 가까이 됐잖아요. 그렇게 싸워오면서도 안 되는데, "꼭 거기를 계속해야 되냐"라는 식으로 얘기를 하시는 분들도 계세요, "거기될 거 같냐" [하시면서요]. 되면 좋죠, 사실은.

면담자   약간 회의적이신 분들도 계시는군요.

태민 엄마   '되면 좋은데 거기는 안 될 거 같다'는 생각을 많이 갖고 있는 [분들이] 절반 정도 되세요. 활동 안 나오시는 분들이 그런 생각을 많이 하시는 거지, '거기를 과연 줄까'라는 생각들. 그래서 '차라리 조금 변두리라도 빨리 조성을 하는 게 낫지 않냐'라는 생각을 갖고 계신 분도 계세요. 근데 저는 정말 싫어요. 어떻게든 싸워서 조금 늦어지더라도 그 공간에 우리 아이들이 들어와야 된다고 생각을 해요.

면담자   아까 같이 활동하셨던 분들 중에서도 좀 반발을 들으셨다고 하셨잖아요. 그런 거는 상처가 되잖아요, 원망도 좀 들고⋯. (태민 엄마 : 어, 어) '왜 이해를 못 할까?' 그런 생각도 좀 들고. (태민 엄마 : 그렇죠) 또 그냥 지나가면서 비난하시는 분들도 있잖아요. (태

민 엄마 : 웅, 웅) 특히 주민분들이나 이웃분들의 얘기를 들었을 때는 스스로를 어떻게 다독이시거나 마음을 다잡으세요?

태민 엄마　저는 사실 그런 분들을 이해를 해요. 왜냐하면 '내가 직접 겪은 당사자기 때문에 이렇게 욕심을 부리고 해야 된다'고 생각을 하지만, 그 사람들은 정말 뭐 관심 있게 지켜보고 있는 분들, 그런 분들 중에서 반대 생각 갖고 있는 사람들이 나서는 거잖아요. 근데 중립적으로 있는 분들은 나서지도 않고 그냥 생기든 안 생기든 상관이 없는 거지.

면담자　의견을 말해주는 사람이 더 이해가 가세요?

태민 엄마　이해가 되는 게 아니라…, 저 같으면 오히려 가만히 있는 스타일이었을 거 같애. '나한테 직접적인 피해가 없고 그렇다고 거기 생긴다 그래도 땅값 떨어진다'고 생각을 안 하거든요, 저는. 근데 그분들은 "땅값 떨어진다. 보기 안 좋다" 그런 식으로 말씀을 하시지만, 그분들 나름대로는 그런 생각을 갖고 있는 거에 대해서 크게 막 원망을 한다든가 그러지는 않아요. '조금 좋은 편에서 생각하시고 그랬으면 좋겠는데'라는 그런 생각은 갖고 있죠. 원망하고 싶지는 않아요, 그분 나름대로의 생각이니까 그것도. 제가 예를 들어서 직접적인 당사자가 아니고, 당사자가 아닌 경우라고 생각을 하면, 저도 그럴 수도 있는 입장일 수 있는 거잖아. 그래서 저는 그 사람들 원망을 하진 않지만, 그래도 우리 편에서 조금 더 들으려고라도 했으면 좋겠어요. 사실은 우리가 알고 있는 내용들을, 우리가 하고자 하는 내용들을 이야기를 하면 아예 들을 생각을 안 하시니까,

그런 것 쪽에서 조금 속상하죠.

면담자   같이 활동하셨던 분들 중에서 "이제 타협을 하자"고
얘기하는 분들도 있잖아요.

태민 엄마   오히려 그런 분들은 말은 안 해요, 생각만 갖고 계시
는 거지. 왜냐면 정말 힘들게 이렇게 앞에서 나서서 활동하시고 싸
우고 하시는 분들한테 미안해서라도 그런 얘기는 많이 내색은 안 해
요. 거의 대부분 활동하시는 분들은 그런 생각 많이 안 갖고 있고,
이제 안 나오시는 분들이 자기들끼리 모여서 하는 얘기가 그렇게 전
달, 전달해서 들려오는 거지, 그냥.

면담자   어머니는 '원칙을 지키자'라는 입장이신 거죠, 쉽게 타
협하지 말고? (태민 엄마 : 네) 어머니와 같은 입장이신 분들이 어쨌
든 활동하는 사람들 중에서는 다수라고 생각하시는 거죠?

태민 엄마   네, 네, 그렇죠. 〈비공개〉

면담자   추모공원이 만들어지면 '부모님들이 다시 모이는 계
기가 되지 않을까'는 생각을 하시는 거죠? (태민 엄마 : 예) 안 나오
시는 분들이 좀 보고 싶으신가 봐요.

태민 엄마   예, 그런 건 있어요. 왜냐하면 같은 반 같은 경우는 식
구랑 마찬가지예요. 그 사람들이 아프고 그럴 때 우리가 안 찾아가
겠냐는 거지.

면담자   안 나오시는 분들?

태민 엄마   어, 어. 안 나오시는 분들도 아프면 저희가 찾아가요.

찾아가고 전화하고, 집안일 있으면 "일 있냐?"고 전화하고 물어보고 그러는데, 마음적으로 그렇게 마음은 갖고 있어도 서로 만남이 없으면 그만큼 자꾸 멀어지고 그런 게 있잖아요. 그래서 좀 아프죠. 거의 대부분 부모님들이 그런 생각을 많이 갖고 계시는 거 같애요. 안 나오시는 분들도 자기 나름대로의 생각도 있고 하겠지만…, '우리처럼 똑같은 마음을 갖고 있다'고 난 생각을 해요. '자식 [잃어] 아픈 거 똑같고, 같은 6반이면 하나 더 챙겨주고 싶은 마음, 그런 마음이 더 강하다'고 저는 생각을 하거든.

면담자 　　　 태민이도 어릴 때 화랑유원지에서 많이 놀았지요?

태민 엄마 　　　 가족끼리 많이 갔죠. 자전거 타러도 다니고 스케이트 타기도 하고 그리고 연말 되면은 불꽃놀이 간다고 또 가족끼리 갔다 오고, 추억이 많죠. 거의 대부분 다 추억이 있는 공간[이예요. 그 공간에] 아이들을 데려다 놓으면 그만큼 또 의미도 있는 거고.

　　그리고 왜냐하면 공원이다 보니까, 그리고 공원 전체를 쓰는 게 아니잖아요. 그러면 외관상으로 봤을 때는 크게 문제는 없는 거거든요. 편하게 산책도 다닐 수 있고, 그다음에 그 공간에 가서 한 번 더 아이들을 보면서 기억할 수 있고 그래서 참 의미가 있다고 생각을 해요. 외국에서 사람들이 왔을 때도 그만큼 의미가 큰 거고, 또 편하게 다가갈 수도 있는 거죠.

면담자 　　　 이번에도 콘서트[청소년들과 함께하는 12월의 노란 크리스마스, '선물'] 할 때, 콘서트 화면을 분향소 안에 같이 넣었잖아요. 그런 것들은 누가 생각한 거예요?

태민 엄마　　　저기 크리스마스 때? (면담자 : 네) 사실은 그때 가족들이랑 4·16연대[4월16일의약속국민연대]서 추진을 하게 됐는데, 그때 화랑유원지, 그니까 추모, 생명[안전]공원이 24일 날 원래 [발표]하려[고] 그랬어요.

면담자　　　네, 맞아요.

태민 엄마　　　토요일 날이었잖아요. 갑자기 일주일이 당겨졌는데 연예인들 섭외가 안 돼가지고 그렇게 됐어요, 그것도 홍보가 안 됐던 거고. 원래 24일 날 하려고 그랬으면 홍보 기간이 충분했었는데 갑자기 일주일 당겨지는 바람에 그렇게 날짜가 잡혀졌고…. 그거는 이제 그런 거죠, 추모공원[을] 우리가 '24일까지 꼭 대통령님이 와서 우리 아이들한테 크리스마스 선물로 해달라, 선물로', '거기 공원에 부지를 지어달라'[고 요청할] 그런 기획을 했었어요, 사실은.

면담자　　　여기서 공식적인 발언을 하게끔 기획한 거였군요.

태민 엄마　　　예, 예. 그럴려고 했는데 연락이 없었죠, 사실은. 사실은 어떤 거든지 지금까지 참사 나면서부터, 초기 2014년도 그때부터 어떤 정부에서 무엇을 해주겠다는, 뭐 구조할 때부터 그때부터도 오히려 우리가 다 뭘 해달라고 요구를 했었던 거지 정부에서 뭘 해주겠다는 그런 거[는] 전혀 없었던 거 같애요.

면담자　　　부모님들이 계속 생각하셨던 거죠, '이거 이렇게 하면 될까' 하고.

태민 엄마　　　그러니까(한숨), 모르겠어요, 이게 참 어려운 거 같애요. 뭘 해도 근데 사실은 그렇게 해도 얻어진 거 하나도 없으니까. 우리가 요구했을 때 그대로 된 게 없으니까 속상하죠, 많이.

〈비공개〉

3
참사 이후 친척들과의 관계

면담자　　　태민이 잃고 나서 친척들과의 관계나 생각의 변화 같은 게 있으세요?

태민 엄마　　　저희 부모님은 아직 살아 계세요. 살아 계시는데, 제가 저희 엄마랑 아빠랑 같이 살지를 못했어. 집이 어렵다 보니까 제가 이제 다른 집에서 살게 됐는데, 자식을 낳아보니까 내 부모를 이해를 못 하겠는 거지. 그래서 오히려 엄마, 아빠랑은 이야기를 안 해요, 형제지간에는 왕래를 하고 하는데. 그 자리에 저희 부모님이 오시면 손은 잡아주고 말은 하고 하지만 사랑이 없는 거지, 그냥 형식적인 남처럼. 저희 관계가 그러거든요. 그래서 이런저런 얘기를 하지 않았는데….

면담자　　　생각의 큰 변화는 없는 거죠?

태민 엄마　　　오히려…, 모르겠어, 애들 아빠 같은 경우는 아버님을, 아버님[이] 돌아가셨잖아요. 아버님을 생각하면 되게 가슴이 아파요, 오히려.

| 면담자 | 어머니가 시아버지를 생각하실 때요? |

태민 엄마 예, 저희 친정, 저도 그렇고…, 애들 아빠도 마찬가지고…. 애들 아빠 같은 경우에 술을 먹고 그러면 자기는 "혼자다, 아무도 없다"[고 해요]. 외로움을 많이 느끼는 거 같애. 그런 얘기를 하면 제가 오히려 더 많이 챙겨주고 아껴주고 해야 되는데…. 그런 것도 있고, 아버님이 1년 돼서 돌아가셨잖아요, 태민이 그러고 [나서]. 되게 많이 미안해요.

면담자 시아버님에 대한 미안함이 있으신 거군요.

태민 엄마 미안하고.

면담자 왜 미안하다고 생각하세요?

태민 엄마 되게 많이 사랑해 줬거든요, 저를. 며느리여서 예뻐해주고 그런 거를 받았으면서도, 아이[를 잃은] 아픔이 너무 크다 보니까 아버님을 생각할 시간이 없는 거지. 가끔 한 번씩 떠올리는데 미안함이 되게 크죠. 아버님 돌아가셨을 때도 아팠는데, 1년밖에 안되었잖아요, 태민이 그러고. 이게 아버님 돌아가신 거에 대해 아파야 되는데, 태민이 아픔이 더 크다 보니까 아버님 아픔이 조금밖에 와닿지가 않는 거예요. 그래서 되게 지금도 미안하고 더 많이 못 챙기고 그런 점에서 되게 미안하죠. 〈비공개〉

면담자 친정 오빠랑은 자주 왕래를 하세요?

태민 엄마 네, 네. 지금도 명절 때는 거의 친정 쪽으로 가니까.

면담자 조카들이랑도 자주 보세요?

태민 엄마　　　이제 저희 새언니 같은 경우는, 올케언니 같은 경우는 되게 저한테 미안한 감정이 많아요. 왜냐면 저를 볼 때마다, 왜냐면 그전에는 그런 내색을 아예 안 했는데 작년에 명절 때 술을 먹고 [이 야기를 하더라고요]. 걔가[조카가] 군대를 갔어요, 같은 동갑이거든 우리 태민이랑. (울먹이며) 동갑이다 보니까 그 아이를…, 걔를 보면 아가씨가 너무 가슴이 아플까 봐 데리고 올 수가 없다는 거예요, 눈에 보이면 [내가 슬플까 봐]. 군대를 갔으면, 군복을 입고 있으면 얘가 또 [태민이 생각하게 만들까 봐].

면담자　　　'태민이도 살아 있으면 저렇겠구나' 하고 생각을 할 테니까….

태민 엄마　　　그런 생각을 할까 봐 너무너무 아가씨한테 마음이 아프다는 거지. 사실은 그런 게 되게 많이 있어요. 걔 볼 때 같은 동갑이다 보니까, 걔를 보면, 걔가 술을 마시고 있으면 내 아들 생각이 나고, 옷 같은 것도 이쁜 거 있으면 '아휴 저런 것도 못 입고 갔구나'라는 생각도 들고…. 올케언니도 똑같은 생각을 하는 거지, '우리 아가씨가 애를 보면 더 마음이 아프겠구나' 그런 생각….

면담자　　　그런 얘기 듣는 것도 좀 불편하세요?

태민 엄마　　　그렇죠. 내가 괜히 미안하고 가슴 아플 일도 아닌데 사실은, 나 때문에 또 언니가 힘들어하는구나…(웃음). 그래서 오빠가 오히려 더 많이 챙겨주는 거 같애요, 저를.

4
진상 규명 활동을 계속할 수 있었던 이유

면담자   2014년 이후 지금까지 지속적으로 활동을 해오셨잖아요? 그렇게 활동에 참여할 수 있었던 제일 큰 이유는 무엇인가요?

태민 엄마   태민이와 약속도 있고, 왜 이 사건이 이렇게 생길 수밖에 없었는지 그 이유도 알아야 될 거 같고, 그리고 가장 책임이 있는 사람들 그 사람들이 지금 벌을 받고 있는 것도 아니고 오히려 승급하고, 그런 사람들 때문에 오히려 더 싸워야 된다고 생각을 해요. 저는 그 사람들이 정말 우리 아이들한테 와서 미안하다고 무릎 꿇고 사죄하는 그런 모습을 봐야 될 거 같애, 나는. 그래야지 아이를 볼 수 있을 거 같애, 나중에라도 만날 수 있다 그러면. 그래서 싸움하는 거 같애.

면담자   만날 날을 머릿속에 떠올려 보세요?

태민 엄마   오지 않을까? 왔으면 좋겠고…. 저는 그런 사람들이 편하게 살지 않을 거라고 생각을 해요, 그리고 그만큼 벌을 받아야 되고, 한두 명이 아니니까 [희생된] 아이들이….

면담자   마음에 거리낌이 있을 거고 그래서 언젠가 와서 속죄하지 않을까라는?

태민 엄마   나중에 누군가는 입을 열겠죠. 정말 그러면은 그 사람들이 아이들 앞에 무릎 꿇고 "미안하다"[고 하고], 부모님한테도. 그런 날이 왔으면 좋겠어. 저는 사실은 그 사람들이 뭐 정말 감방에 가서 있는 거, 그걸 바라지 않아요. 정말 뉘우치는 거, 뉘우치고 우리한테 사죄하는 거, 그걸 바라거든. 솔직히 똑같이 죽여주고 싶죠, 그렇게는 못 하니까….

면담자　　부모님들마다 생각하는 게, 상상하는 게 다르세요. 정말 어떤 분은 딱 내가 그 사람을 정말 죽이는 장면, 또는 똑같이 물에 빠뜨리는 장면을 상상한다든지 여러 가지가 있잖아요.

태민 엄마　　그렇게 고통을, 솔직히 그렇게 받았으면 좋겠어요. 근데 그렇게는 못 하잖아요, 그죠? 부모 입장….

면담자　　그렇게 못 하는 건?

태민 엄마　　못 하죠.

면담자　　왜 못 할까요? 어머니 개인적인 성격이 못 하는 건지, 아니면 사회적인 제약 때문일까요?

태민 엄마　　사회적인 그거는 저는 저기 신경 안 쓰고…. 제 마음이 그렇게는 못 할 거 같애. 마음으로는, 내 마음속에서는 정말 그렇게 죽일 수 있는 거죠. [하지만] 실제로 정말 할 수 있는 거라고는 [그 사람들이] 아이들한테 무릎 꿇고, 부모님들한테 무릎 꿇고 사죄하고, 평생을 본인 스스로 힘들게 살겠다 괴로워하면서…, 그거를 바라는 거죠. 우리가 할 수 있는 게 그거밖에 없다고 생각을 해요.

면담자　　참회해야 할 사람이 누구라고 생각하세요?

태민 엄마　　저는 몰라, 박근혜, 박근혜도 잘못이 크다고 생각을 해요. 근데 박근혜보다도… 대통령이 일차적인 문제는 크죠. 그 사람이 정말 7시간 [의혹이] 없이, "사고가 났다"는 얘기를 들었을 때 바로 나가서 지시를 누군가한테, 지시를 탁 내렸다면 그 사람이 책임지고 다 했을 거란 얘기지. 근데 그 지시를 안 내렸잖아요. 그것도 일차적인 문젠 거지. 근데 단원고에서 왜 출발을 했는지, 그 안개가 끼고 했는데 출발을 한 거에 대한 어떤 거가, 뭔가 그거는 [이유가] 있었을 거라고 저는 생각을 해요. 왜 그렇게 결론을 내렸는지, 근데 아이들한테 판단을 맡겼다고 하지만 '선생님들 입장에서는 출발할 수 없는 상황이면 끊었어야 된다'고 생각을 하거든요, 못 가더라도 그렇게 했어야 되는 거고. 그리고 기지 있잖아요? 기지 때문에, 해군기지 때문에, 철근 나르는 거 때문에 그게 급해서 그렇게 갔을 거라고…, 그것도 저는 일리가 있다고 생각을 해요.

면담자   이 판을 만든 사람이 첫 번째로 와서 속죄를 해야 되겠네요?

태민 엄마   그렇죠, 그것도 있는 거고. 김기춘이, 그 밑에 그런 사람들이 내가 볼 때 일차적인 문제라고 생각을 해요. 비서실장 이런 사람들이 대통령보다도 오히려 저는 그 사람들이 더 잘못했다고 생각을 해요. 대통령을 제대로 보필을 못 한 거예요, 사실은. 이렇게 사건이 있었으면 뛰어들어 가서라도 누구한테 지시를 내려서 데리고 나와서라도 어떻게 지시를 해야 되는데 그걸 못 한 거야, 그 사람들이. 저는 그 사람들이 제일 나쁘다고 생각을 해요. 일차적인 문제는 그 사람들이야. 그 당시에 총리로 있었던 사람이 누구죠? 그 사람이랑. (면담자 : 정홍원 총리) 김기춘이 뭐 이런 사람들이 '뭔가가 있지 않았을까'라는? 박근혜는 바본 거고, 꼭두각시였던 거고 그러지 않았을까라는 생각 제일 많이 해요.

면담자   그리고 이제 선장은?

태민 엄마   응, 응. '어떤 지시가 내려지지 않았을까'라는? 자기네 들끼리 그렇게 빠져나올 수가 없거든. 정말 그리고 대기하라는 방송만 어떻게 계속할 수 있냐는 거지.

면담자   그 속죄할 사람들 중에 언론인도 있나요?

태민 엄마   언론인, 글쎄…. 언론인은 제가 볼 때 크게 속죄는 해야 되죠, 당연히. 오보 내고 국민들을 그렇게 믿게끔 한 거는 잘못이 커요. 근데 '일차적인 문제는 거기에다 나는 물을 수는 없다'고 생각을 해, 왜냐면….

면담자   학교는 어때요?

태민 엄마   학교도 커요.

면담자   크다고 생각하시는 이유가 있으신가요?

태민 엄마   학교도 크죠. 학교에서 출발을 안 했으면 이런 사건이 일어날 수가 없는 거지.

5

공방 활동, 지역 공동체와의 연대

면담자　　　지금까지의 활동 중에서 공방 활동이나 아니면 '엄마랑 함께하장'이라는 걸 만들 때, 거기서 나온 수익금 같은 것들을 불우이웃돕기 하잖아요, 그런 기획이라고 해야 되나요? 의도, 목적, 이런 것들은 어떻게 정하시는지….

태민 엄마　　어, 그거는 맨 처음에 초창기에, 2015년 아마 초반 때부터 공방이 꾸려졌어요. 공방이 꾸려지면서 그때부터 이제 부모님들이 어떤 무엇을, 어떤 목적을 갖고 한 게 아니라 그때는 부모님들이 집에 못 있으니까 나오게 되잖아요. 아이와 함께, 그 분향소 안에 아이와 함께 있고 싶은 마음에서 대기실로 나왔거든요. 그렇다 보니까 멍하니 있으면 오히려 아이 생각이 더 많이 나고 더 우울해지고 그렇게 되다 보니까 뜨개질을 한다든가 수를 놓고…. 맨 처음에 수를 가르치는 선생님이 오셨어요. 어떤 무엇을 하기 위해서 온 게 아니라 그분이 치유를 하기 위해서는 '무엇인가 손에 잡고 집중할 수 있는 게 있어야 하지 않을까' 하는 생각으로 자원봉사를 나오신 거야.

　그래서 그분이 부모님들 몇 분이랑 자수를 놓고 하다 보니까, '이런 공간에서 부모님들 집에 계시지 마시고 나와서 무엇을 배워서 우리를 위해서 힘들게 도와주신 분들한테 어떤 보답이라든가, 할 수 있는 게 있으면 좋겠다'는 생각을 하게 됐던 거죠. 그래서 차츰차츰 하게 되면서 이제 "추모공원이 화랑유원지 내에 생기면 좋겠다"라는 얘기가 나오기 시작하면서, 그러면 '이 공간에서 행사를 만들어서 사람들이 많이 이곳에 모여서 있는 모습을 보이게 되면 그 사람들도 조금 더 설득하기도 더 쉽고, 그다음에 활동가들한테 우리가, 부모님이 만든 거를 선물을 하고 또 저렴하게 판매도 하고, 판매한 수익금은 안산에 계신 불우이웃, 불우이웃돕기 하면 의미가 좋겠다' 생각을 하게 돼서 추진을 하게 됐던 거예요.

면담자 　　공방에 계신 분들끼리 의논해서 결정하신 거예요?

태민 엄마 　　그렇죠, 예. "하면 좋겠다", 그렇게 하다 보니까 팀장이 생기게 되는 거고, 어떤 분야에서 "이분이 하면은 솜씨가 좋으니까 괜찮겠다"[고 해서]. 파트가 있어요. 그래 가지고 화장품 [파트도 있고], 저는 이제 퀼트 팀장이고, 이렇게 분야별로 이렇게 만들어지고 있어요.

면담자 　　운영하는 거 힘들지 않으세요? 예를 들면 좀 의견의 차이라든가, 불우이웃돕기 하지 말고 가족협의회에 이 돈을 좀 우리 활동에 쓰자고 할 수도 있고….

태민 엄마 　　지금은 그렇게 나오죠, 왜냐면 4차까지 했으니까, 4회까지 했으니까 그런 얘기도 나오긴 하는데….

면담자 　　내부에서 의견 조율이 잘돼요?

태민 엄마 　　예. 거의 보면 이제 협의회 내에서랑 아니면 공방의 팀장들끼리만 회의를 해요, 전체적으로 회의를 하는 게 아니[라]. 거의 대부분 팀장급으로 있는 분들은 거의 대부분 그런 생각 많이 갖고 계세요.

면담자 　　　어떤 생각을?

태민 엄마 　　　불우이웃돕기도 의미가 있는 거고 [괜찮다는]. 그리고 저희들이 생명[안전]공원 때문에 강사도 나가고 [해요], 도서관 [같은 곳에]. 부모님 20분, 15분 정도 모셔놓고 공원에 대해서도 설명을 하고, 특조위, 우리 뭐 배가 어떻게 돼가고 있는 그런 이야기도 하면서 퀼트나 아니면 자수 같은 거 놓는 거 가르쳐드리고, 그런 쪽에서 보람을 많이 느껴요 저도. 왜냐면 저희 쪽에서 반대 생각을 갖고 있던 분도 오시는 거고 적극적인 분도 오시는 거고. 근데 이제 수업을 나간 다음에 끝나고 나서 들리는 얘기가 "참 좋은 시간이었다"고, "부모님들을 만나서 따뜻했다"고, "너무 많이 아파하지 않고, 그래도 잘 견뎌주는 모습에 너무 고맙다"고 그런 얘기를 되게 많이 하세요. 유익한 시간이었고 의미가 더 크다는 거지, 그냥 일반 강사가 와서 가르쳐주는 거보다. (면담자 : 그렇죠) 마음도, 함께 안산에서 못 살 거 같았는데 '함께 더불어서 살아갈 수 있겠구나'라는 그런 생각들을 또 많이 한다고 말씀을 하시더라고, 그분들이.

면담자 　　　진짜 안산 공동체 활동을 하시는 분들과의 연대 같은 것들이 생기는 거네요.

태민 엄마 　　　연대, 그렇죠. 그래 가지고 그 공동체에서 저희들을 또 불러주고.

면담자 　　　연대가 생겼던 거네요.

태민 엄마 　　　네, 네. 좋은 거 같애요.

면담자   대체로 여성분들이 많으시죠? 안산 공동체, 시민활동 하시는 분들이….

태민 엄마   거의 대부분, 거의 한 90프로가 그런 거 같애요, 여성분인 거 같애요.

6
기억교실 안내

면담자   지난번에 기억교실에서 안내하는 역할도 하신다고 하셨는데…. (태민 엄마 : 네, 네) 그때 이제 학생들 만날 때가 그래도 제일 기억에 남는다고 하셨잖아요? 그리고 이제 "비슷한 연령의 친구들 보면 생각도 많이 나고"라고 하셨는데 학생들 만나면 보통 어떤 생각을 하시는지요?

태민 엄마   아이들을 보면은 우리 태민이가 생각나죠, 애들 보면…. 특히 남자아이들, 사복 입고 오는 아이들도 되게 많이 있어요.

면담자   개인적으로 찾아오는 친구들이예요?

태민 엄마   그런 애들도 있고 아니면 뭐 동호회 모임식으로 해갖고 한 학년에서 가고 싶은 아이들 해서 모아서 선생님이 같이 데리고 오는 애들도 있구요. 그런데 애들 보면 사실은 태민이도 많이 생각나고, 저희 아이 얘기를 많이 해요. 태민이 얘기도 또 많이 하면서 저도 울고 애들도 울고 그러면서 또 공감대도 생기고. 또, 이제 그런 얘기를 제가 해요. "우리 태민이는 너무너무 착했고 엄마한테는 없어서는 안 되는 아이였지만 사랑을 표현할 줄[표현하지] 못 하는 아이였다"고, "사랑을 너무 많이 가슴에 갖고 있어도, 그거를 내색을 모르는 아이였는데, 지금 생각해 보면 그런 생각이 많이 든다"고, "사랑을 표현을 못 한 게 아이한테 너무 미안하다"고, 사랑한다는 말을 많이 못 해줘서 그래서 "[여러분들이] 집에 가서도 엄마, 아빠한테 사랑을 많이 표현해 주는 아이로 자랐으면 좋겠어요"라고 얘기를 해요.

"엄마랑 싸우더라도 싸웠으면 카톡이라도 보내서 '엄마, 미안해. 사랑해' 그런 이야기들을 많이 하고 사는 친구들이 됐으면 좋겠다"고 저는 그런 얘기를 많이 하거든요. 그럼 또 울어, 애들이…. "많이 안아주고 손도 잡아주고, 어색하더라도 그런 거 많이 하면 엄마랑 아빠랑 더 사이좋게 생활하는 데 힘도 덜 들고 할 거"라고, 그런 얘기를 해주면서 이제 그런 얘기도 또 하죠. 저는 살면서 내 가정만, 내 식구들만 잘 살고, 행복하게 그리고 남한테 피해 안 주고 살면 그게 가장 좋다고, 애들 키우면서도 그런 얘기도 많이 해줬고 저도 그렇게 살았어요, 지금까지. 근데 그런 세상이, 세상은 아니더라고. 조금 더 아픈 사람도, [우리가] 아파 보니까, 아픈 거를 경험을 하다 보니까 밖에 아픈 사람들이 너무 많은 거야. "사회에 관심을 많이 갖고 살아가는 청소년이 됐으면…. 대학교를 [가기 위해] 공부만 한다고, 고등학교 때는 공부를 많이 하지만, 대학교 가면은 남들한테 시선을 한 번씩이라도 돌려가면서 살아가는 그런 학생들로, 사람으로 컸으면, 됐으면 좋겠다"고 그런 얘기를 저는 해요. 다른 얘기보다도 그런 얘기가 아이들한테 많이 와닿아서, 그리고 "우리 아이들을, 세월호 친구, 언니, 오빠들을 한 명이라도 꼭 기억하고 한 명이라도 이름 알고 가서 그 언니, 오빠가 어떻게 살았는지 나오니까 많이 관심을 갖고 살아[달]라"고. *

면담자　그러면 이제 듣고 나서 아이들이 뭐라고 해요?

태민 엄마　고맙다고, 어른들이, 특히 선생님들이 고맙다고 얘기해요. "학생들한테 그런 얘기하기 힘든데 어머니 너무 고맙다"고, "아이들이 많이 얻고 갈 거"라고, "감사하다"고….

면담자　20대 이상의 어른들이 오면 어떻게 얘기하세요?

태민 엄마　솔직히 그런 어른들한테 얘기는, 20대 애들은 그래도 대학생들이잖아요? 공감을 되게 많이 해요. 어른들이나 그런 분들은 되게 가슴 아파하죠. "나도 자식을 키우고 똑같은 동갑내기 아들이 있다"[고 하면서] 그 마음을 이해하려고 애쓰시는 거 같애. "하고자 하는 거 잘됐으면 좋겠다" 그런 얘기해 주시고, "힘내라" 그런 얘기하죠. [그러면 저는] 관심만 많이 가져달라고 그런 얘기해요.

7
후회되는 결정과 위안되는 점

면담자　활동하시는 동안 아쉽거나 후회됐던 것이 있다면 무엇인가요?

태민 엄마　아쉽고 후회된 거, 교실……, 그게 제일 후회돼요. 그

149
•
3회차

때 합의를 안 했어야 되는 건데…, 지금까지 갖고 있었으면 어떻게든 결론이 났을 건데…, 그게 제일 후회돼요. 좀 더 싸웠으면 이겨낼 수 있었을 텐데…. 조금만 더 [버티고] 그때 합의 안 했으면, 조금 더….

면담자   '조금만 버텼으면 어떻게든 정말 교실에 남지 않았을까'라는 생각을 할 때가 있죠.

태민 엄마   네, 네, 맞아요.

면담자   그럼 가장 힘들게 했던 점은 어떤 게 있을까요?

태민 엄마   힘들게 했던 거, 배가 올라왔을 때…. '그렇게 수월하게 올릴 수 있었는데 왜 그동안 배를 바다에 놔뒀을까', 그거에 대해서도 '어떤 뭔가가 있지 않았을까'라는 생각을 해요. 그 안에서 어떤 작업을 했다던가…, 정말 작업을 할 때도 밤에만 했고 눈에 보이지 않게. 우리 가족들 그 근처에 오지도 못하게 한 거에 대해, 그런 것들…. 뭔가가 있지 않았으면 이렇게 되지 않았을 거 같은 생각들이 있죠.

면담자   부모님들이 배를 올려야 된다는 주장을 되게 많이 했잖아요, "인양을 해야 된다"라고, "인양이 되게 중요하다"고.

태민 엄마   그렇죠. 초기에는 막 '배가 어디에 부딪혀서 그러지 않았을까?' 아직도 부모님들은 그런 생각 갖고 계신 분들 계세요. 왜냐하면 지금 현재 나온 증거가 그 배가 기울[기도 전에], [배에 실린] 차가 움직이지도 않은 상황에서도 "쿵" 하는 소리가 났잖아요. 그러면 "어딘가에 부딪히지 않았을까?"라는 그런 얘기도 돌기 시작하거든요. '그런 배[를] 지금 봤을 때는 어떤 자국이나 이런 게 없어도 그걸 안에서 누군가 없었을까?'라는, 그런 생각을 품게끔 되고, 어떤 뭔가 자꾸 나오면, '아, 이랬을까. 저랬을까' 그런 생각이 자꾸 드는 거죠….

면담자   배가 올라오는 거 보는 것도 힘드셨지요?

태민 엄마   네, 힘들죠. 저는 솔직히 [목포 신항에] 안 가고 싶었어요. 애들도 있고 [해서] 내려가기 힘들었었는데 저장소에서 물건 때문에, 유류품 때문에 내려가서 저희 부모님들이 [유류품 세척과 수집을] 해야 된다 그래서 내려갔었거든요. 근데 이제 아이들 옷가지가 올라온 걸 보는데 정말 힘들었어요. 그때는요 울면서 하고….

면담자   저장소 활동이라는 게 사실은 선전전이나 농성하는 것보다 더 힘든 거 같아요. 기억을 지속하려는 활동이니까….

태민 엄마   네, 네, 맞아요.

면담자   힘든 기억을 끄집어내는 활동이니까….

태민 엄마   사실 저도 구술을 안 할라 그랬거든…. 저장소에서 일을 하다 보니까는 해야 된다는 것도 느껴지고 그런 거 때문에 하게 된 거 같아요.

면담자   그러면 가장 위안이 됐던 건 뭘까요?

태민 엄마   그거 같아요, 단원고 [희생 학생 부모]라는 그 공동체 [와] 함께[해 온 것].

면담자   하나의 단위가 있었으니까.

태민 엄마   예, 예. 그게 없었으면 오히려 더 부모님들이 못 버텼을 거 같애.

면담자   조금 더 구체적으로는?

태민 엄마   그리고 이제 '언니들이랑 부모님들 만날 때, 만나서 이런 얘기 저런 얘기를 자유롭게 할 수 있는 거, 그런 거 때문에 내가 살아가는 오히려 원동력이 되지 않나'라는 생각을 저는 해요. 〈비공개〉 거의 부모님들이 지금은 이제 공방에서 일하시는 분들이 어느 정도 정해져 있어요, 몇 분 많이 안 나오시니까. 수업이 있고 그러면은 한 20명, 30명 정도 되는데, 그 이외에는 같이 함께 거의 매일을, 거의 매일을 보니까, 그런 분들은 오히려 가족보다 더 가까운 거지. 안 보면 뭔가 이상하고, "왜 안 나오냐"고 그러고.

면담자   식구들보다 더 오래 보죠.

태민 엄마   거의 6, 7시간을 보니까, 하루 종일. 모르는 게 없죠, 솔직히. 가정에 대해서도 모르는 게 없고, 이런 성격이구나 저런 성격이구나 알게 되고, 또 아이 얘기도 편하게 할 수 있는 거고, 또 함께 웃을 수 있는 공간이 그 공간밖에 없는 거 같애.

8
최근 고민되는 점

면담자   요즘에 가장 고민이 되는 점 그런 게 있을까요? 개인적으로나 아니면 가족협의회 활동 면에서나….

태민 엄마　　음, 그런 게 또 있는 거 같애. 왜냐하면 보면 앞에 나서서 일하시는 분 있잖아요? 그런 분들에 대한 시선이 또 틀려지는 거…….

면담자　　달라졌어요?

태민 엄마　　그니까 왜냐하면, 가족[협의회] 위원장, 집행위원장, 장급이 있잖아, 장급들. 장급들이 활동을 하다 보면 초기의 마음이랑 조금씩 틀려[달라]지는 것들 있죠, 시간이 지나면 지날수록….

면담자　　네, 그분의 마음이요?

태민 엄마　　근데 이제 그분들의 마음을 내가 들여다볼 순 없는 거고, 객관적인 입장에서 봤을 때, 우리 가족들이 봤을 때나 사람들마다 다 보는 관점은 다 틀린[다른] 거고, 저는 저 입장에서는 [그분들이] 정말 앞에서 나서서 월급도 없이 하루 종일 거의 이 일을 하시잖아요. 그런 점에서는 정말….

면담자　　대단한 거죠.

태민 엄마　　대단하죠, 정말 대단하죠. 그런 게, 예를 들어서 국회의원이나 이런 사람들 만나다 보면서 자기가 으쓱해지는 거 그런 것도 생길 순 있어요, 당연히 밑에 있는 사람도 낮춰 보게 되는 거. 그렇기 때문에 국회의원들이, 들어갔을 때 몇 년 지나면 권력에 물들고 막 그렇게 되잖아요. 근데 그렇게 보시는 부모님들이 또 계시는 거야. '처음 생각이랑 이 사람이 하는 행동이랑 이런 게 틀려[달라]지

네'라고 생각을 하는 부모님들도 계신 거고….

면담자   오해가 쌓이겠네요.

태민 엄마   자꾸 오해도 쌓이는 거고, 그런 게 조금 힘들어지는 거 같애요, 가면 갈수록 오히려. 왜냐하면 맨 처음에는 그냥 내 자식만 보고 억울하니까 그것만 보고 갔었는데, 지금 시간이 자꾸만 가면 갈수록 거기에 어떤 욕심이나 막 이런 걸 덧붙여서 보는 거지, 자꾸만….

면담자   어머니도 그런 생각이 드세요?

태민 엄마   아니, 저는, 저는 그런 생각을 안 해요.

면담자   "변했다"라고 다른 사람들이 얘기를 하니깐, 얘기를 듣는 게 좀 힘들다는 말씀이시죠?

태민 엄마   자꾸 뒤에서 욕을 한다든가…. 정말 열심히들, 다들 열심히 일하시잖아요? 그러니까 정말 그 아침에 나와서 저녁 늦게까지, 어느 때는 일요일, 주말도 없이. 회사생활을 하면은 월급을 받는다 그래도 3, 400, 500까지도 받지. 받을 그런 저기란 말이지, 그만큼 투자하는 거에 비한다면. 근데 그런 거를 생각을 안 하고 그렇게 열심히 하고 하는데, 뒤에서 예를 들어서, 조금 안 좋은 게 보일 수는 있어요. 사람이다 보니까 안 보이더라도, 보이더라도 그냥 넘어가면 그러면 되는데, 그거 하나 꼬집고 얘기를 하시는 분들이 계세요, 또 그런 게 자꾸 쌓이다 보니까….

면담자   보기 힘드신 거죠?

태민 엄마   보기 힘들죠.

면담자   혹시 직접 개입하기도 하세요?

태민 엄마   저는 개입은 안 해요. 거의 저는 중립적인….

면담자   예를 들면 "그런 거 아니야"라고 얘기를 직접 하신다
거나….

태민 엄마   어떤 사회든 그런 거는 다 생기는 거 같아요. 회사생
활을 하면은 생길 수도 있는 거고 사람이 있다 보니까 오해도 쌓이
고 하는 건데, 그냥 좋은 마음으로 뭐든지 봤으면 하는 생각들이 되
게 많이 있어요.

면담자   초창기처럼 서로 이해하면서 같이 갔으면 하는 마음
이 크신 거죠?

태민 엄마   아픈 것만 보고 갔으면 좋겠는데.

9
서로 격려하며 건강 챙기기

면담자   건강은 어떠세요?

태민 엄마   저는 괜찮아요, 애들 아빠도 괜찮고.

면담자   노숙이나 이런 거 많이 하셨기 때문에 허리라든가 아
프신 데는 없으세요?

태민 엄마   뭐, 그런 거는 있죠, 관절이 아프다든가 막 이런 거.

면담자   치료를 받고 계서요?

태민 엄마   예, 치료받는 것은 없어요, 담낭이 있어 가지고 그거 수술한 거 있고. 저는 갑상선이 있어요, 3차까지 [치료받으려 하고 있어요], 요즘은 칼 안 하고…. (면담자 : 레이저?) 그걸로 하니까. 2차까지 받았구요, 3차 한 번 남았어요.

면담자   아, 조심하셔야 되겠네요. 그런 건강 문제를 겪고 계신 부모님들이 많이 계시는데 서로 어떻게 용기를 북돋아 주세요?

태민 엄마   뭐, "밥 잘 챙겨 먹으라" 그러고 "약 잘 챙겨 먹어야 된다" 그러고, "끝까지 갈라면 자기 몸 관리는 본인 스스로 해야 된다" 그러고. "언니가 아프면 우리가 찾아가서 매일 돌봐줄게" 그런 식으로 얘기도 하고. 그런 얘기 많이 해요, "끝까지 갈라면 못해도 30년은 버티라면, 몸 관리해야 된다"고(웃음).

면담자   그렇죠.

태민 엄마   광주, 광주 사건도 30년 걸렸으니까 우리도 그 정도 걸리지 않겠어? 그러면은, "30년 기다린다" 그러면은 "아휴, 나는 죽고 없겠다" 그렇게 [말하는 분도 계시고요]. (면담자 : 진짜요?) 그렇게 얘기를 하시는 분들도 있으시죠. 이제 지금 거의 뭐 한 60 가까이 되시는 분들도 몇 분들 계시니까, 저희 반도. 지금 제일 연배가 높으신 분이 58살, 엄마, 엄마가 그 정도 되시는 분도 계시니까.

면담자   광주보다는 빨리 당겨야죠.

태민 엄마 　　그렇죠, 빨라야지 아무래도. 빨라도 솔직히 고민이에요, 솔직히 저희가 잡고 갈 게 없어서…. 너무 빨리 돼도, '해결돼 버리면…, 또 어떻게 살아가지?'라는 생각들…. '어떤 게, 정말 뭔가가 발견이 되면 그걸로 너무 상처받고 힘드신 분들이 또 계실 텐데…' 그런 걱정도 사실은 많이 해요.

면담자 　　어머니, 앞으로 살아가실 때 꼭 추구하고자 하는 삶의 목표랄까 이런 게 있으세요?

태민 엄마 　　우선 제일 걱정되는 거는 우리 가족들, 가족들 아프지 않고…. 어, ○○이 같은 경우도 그렇고 △△이도 마찬가지고 조금 더 자신감 있는, 어디서[든]. 저는 우리 ○○이랑 △△이 같은 경우는 저희 세월호 그런 쪽에서 일을 했으면 [하고] 저는 바래요. 어떤 식으로든 나중에 오빠를 위해서…, 모든 것을 평생을 그렇게 살기는 바라지는 않지만, 그래도 좀 관심 있는 친구들 사실 되게 많잖아요. 중학교 정도밖에 안 됐는데도 나와가지고 정말 피케팅하고 그런 애들 보면 '아휴, 지 오빠가 저러는데도 아무것도 안 하고 리본 하나 안 달고 다니는 그런 애도 있는데, 쟤는 어떤 생각을 저렇게, 생각이 바르게 저런 생각을 갖고 나올까'라는 그런…. 그런 아이로 자랐을 때는 그만큼 부모님들이 바깥에서 일도, 활동도 하시고, 그런 자식들[이 그런 훌륭한 부모] 밑에서 나온다고 생각을 하거든요. 그래 가지고 저도 우리 아이한테, ○○이한테도 얘기해요, 저는.

면담자 　　나중에 자기가 직업이 생겼을 때 그걸 가지고 재능 기부를 할 수도 있고.

태민 엄마   그렇죠. 재능 기부도 할 수도 있고 세월호에 관련돼서 일을 했으면…, 저도 많이 그런 생각을 갖고 있어요. 그리고 마음 아파서 하기보다도 '오빠를 많이 생각해 줬음 좋겠다, 잊지 말고 항상. 오빠가 있었지' [하고 생각해 줬으면 좋겠어요].

면담자   나중에 ○○이나 △△이가 결혼을 하게 될 때 가족 얘길 하잖아요. 그때 오빠 얘기를 하고 싶지 않다고 하면….

태민 엄마   저는 얘기를 했으면 좋겠어요. 얘기를 하라고 하고 싶어요. 그리고 그거를 알면, 알고 있으면 또 모르겠어, 그 아이를, ○○이를 더 아픈 마음, 측은한 마음[으로] 더 보살펴 줄 거 같애. 왜냐하면 결혼하더라도 아무래도 연배가, 나이가 더 많은 사람이랑 결혼할 확률이 높잖아요. 저는 그런 생각을 가끔 해요. 예를 들어서 우리 ○○이가 결혼을 했을 때 지 오빠랑 연배가 똑같은 아이랑 결혼을 하면, 내가 우리 연속극 같은 거 보면 있죠? 그 아이가 내 자식처럼 내 아들인 양 막 너무너무 간섭을 해버리는, 그러지 않을까(웃음).

면담자   ○○이가 나이 차이가 얼마 안 되니까요.

태민 엄마   예, 나이 차이가…. 그렇게 되면 태민이를 보듯이, '사위를 그렇게 보면 어떡하지?'라는 그런 막 걱정 안 해도 될, 그런 걱정을 하게 되고.

면담자   ○○이도 알아요?

태민 엄마   아니요, 그런 얘기 제가 안 해요. 그런 얘기 안 하는데 그냥 결혼을 하게 되면, 예를 들어서 정말 사위가 생긴다면 정말 이

뻐할 거 같아요, 내 자식처럼. 너무 크게 간섭은 안 하겠지만…, 태민이를 보듯이 보지 않을까라는 그런 생각을 하게 되더라구.

면담자   반대 상황이 왔을 때는 또 약간 힘들지 않을까라는 생각은 하지 않으세요?

태민 엄마   저는 우리 ○○이한테 그런 얘기를 해. "결혼을 하더라도 너를 사랑해 주는 사람, 어떤 걸 뭘 시키면 정말 사랑으로 해주는 사람. 돈이 정말, 돈을 떠나서, 인물을 떠나서, 정말 못생겼더라도 너를 사랑해 줄 수 있는 사람이랑 결혼을 해라" 그래요. "아니면 하지 말라" 그랬어요. 자기도 그런 생각을 얘긴 하더라구, 내가 좋아하는 사람보다 그 사람이 나를 좋아해 주는. 근데 지금 예를 들어서 정말 남자애를 사귀고 그러면은 콩깍지가 끼면 틀려[달라]지잖아요. 예를 들어서 사람을 먼저 보게 되면 제일 먼저 보는 게 인물이잖아. 그렇다 보니까 그런 얘기를 사실 되게 많이 하거든요, ○○이한테. [그러면] 잘 살지 않을까?(웃음)

면담자   아버님은 이제 "시골에 가서 살자"라는 얘기도 하시지만 어머니는 '그래도 안산에 계속 있고 싶다'라는 심정도 밝혀주셨는데, 정말 아버님이 시골로 가신다면 어떻게 하실 것 같으세요?

태민 엄마   저는 계속 안산에 있을 거예요. 애들 아빠가 정말 "시골에 내려간다" 그러면…, 모르겠어 제가 70 정도, 뭐 80 정도 그렇게 나이가 먹고 그러면은 내려갈 수 있을지도 모르겠어요. 근데 이제 내려가서 아예 사는 거는 저는 싫어요. 태민이 옆에 계속 있을 거예요. 옆에 있으면서 같이 4·16 활동도 하면서 그렇게, 저는 아예 그렇게 살려고 생각을 지금부터 하고 있어요.

면담자　　태민이랑 생을 같이하는 거네요?

태민 엄마　　그리고 제가 워낙 만들고 하는 거를 너무 좋아하다 보니까, 예를 들어서 뭐 가족협의회 내에서 공방이나 이런 게 만들어진다 그러면, 공동체가 만들어진다면 거기 가서 활동을 하면서 살려고요.

10
마무리

면담자　　그렇군요. 오늘 3차 구술에서 참 많은 이야기를 해주셨어요.

태민 엄마　　얘기를 하다 보면 이 얘기 저 얘기 나오는 거 같애요, 내가 생각하고 있던 거. 그리고 이제 한 번 만나다 두 번 만나다 보면…, 그만큼 신뢰가 쌓여서 그런 게 있잖아요, 그만큼 편해지는 거고.

면담자　　오늘 어머니께서 ○○이나 △△이 얘기나 다른 가족들 관계 얘기도 해주셔서 너무 좋았어요. 어떤 면에서 저도 그 세월호와 같이 사는 거잖아요(울음). 항상 생각하거든요, 40대가 됐을 때, 50대가 됐을 때 어떻게 같이 갈 수 있을까 하는 생각…. 부모님들이 되게 많이 영감을 주세요, 이렇게 하면 된다 그런 점에서. 또 저에게도 태민이나 태민이 가족들이 되게 중요해졌어요.

태민 엄마   일상에, 안에 거의 들어오다시피 했으니까….

면담자   많은 친구들 중에서 몇 명 친구들이 인연이 된 거잖아요. 소중한 관계가 되었다는 말씀을 드리고 싶었어요. 쉽지 않은 이야기를 여러 차례에 걸쳐서 해주셔서 감사드리고, 이 구술증언 사업이 세월호 참사를 장기적으로 기록하고, 기억하고, 교육하고 이런 면에서 기여를 할 수 있기를 바라고, 저희 연구자들도 최선을 다하겠다고 약속드립니다.

태민 엄마   감사해요.

면담자   구술을 마치도록 하겠습니다. 감사합니다.

태민 엄마   감사합니다.

4·16구술증언록 단원고 2학년 6반 제7권

그날을 말하다 태민 엄마 문연옥

ⓒ 4·16기억저장소, 2020

기획 편집 4·16기억저장소 ┃ **지원 협조** (사)4·16세월호참사가족협의회
펴낸이 김종수 ┃ **펴낸곳** 한울엠플러스(주)
초판 1쇄 인쇄 2020년 4월 1일 ┃ **초판 1쇄 발행** 2020년 4월 16일
주소 10881 경기도 파주시 광인사길 153 한울시소빌딩 3층
전화 031-955-0655 ┃ **팩스** 031-955-0656 ┃ **홈페이지** www.hanulmplus.kr
등록번호 제406-2015-000143호

Printed in Korea.
ISBN 978-89-460-6761-5 04300
        978-89-460-6801-8 (세트)
* 책값은 겉표지에 표시되어 있습니다.